edition taberna kritika

Die edition taberna kritika wird vom Bundesamt für Kultur (CH) mit einem Förderbeitrag für die Jahre 2021-2024 unterstützt.

Jasmin Meerhoff
Knoten und Bäuche

http://www.etkbooks.com/
Gestaltung: etkbooks, Bern
Coverillustration: Jasmin Meerhoff

Bibliografische Information der Deutschen Nationalbibliothek: Die Deutsche Nationalbibliothek verzeichnet diese Publikation in der Deutschen Nationalbibliografie; detaillierte bibliografische Daten sind im Internet über http://www.dnb.de abrufbar.

ISBN: 978-3-905846-65-2

Jasmin Meerhoff

Knoten und Bäuche

edition taberna kritika

Außenkanten I
Wie die liegen I
Schnittbereitung
Wie die liegen II
Außenkanten II

Schrift zthr ferne.
handelt, Vorurteil
über dieostbarste,
daß ich ihr Weg
würdigt geahnte
ihn selbsns ohne
anderen renn man
voraussetderen sie
der Ew Schlusse
etwas Urer Mühe
nische sein,
kein Glaeine Un-
dauer kn über all
nur das

leitet und Versuch
dieses otzen. Ich
heißen, zwangs-
ion ab vorheben
Diese ränkung
einmal Human
brachte Ent-
kann dieden und
Es ist nin besten
arbeiten. en. Ich
Anzeicheche Stre-
ich im Laufe

gegen die

Grenzen des Es
denen nicht ge-
eigenen in ra-
fühle w er-Ich zu
scheinen, zu er-
schiebt, nen wir
ihm an Über-Ichs
gefühl S um die
nicht besMenschen,

Erwachse nimmt
sein. Es hologisch
die sich n Ich die
ziemlichet. Das ist
Men-
welt als über be-
düngen. r, so er-
regungen Neu
machen, deinen
er späterwehr der
zeit Bei-
sich ihm : Kultur
die Mutt so groß-
Schreien herab

1) S. di
von Fer n
bis zu den ist sie.

Ich zuersßerungen
„außerhan leichte
Aktion ischaft als
teren An

einer Auren
vermeidlischen zu
das unu Zu allen
und verrrt gelegt,
was Quel Leistun-
sondern,
zu bildelle jeder
gegen
können mühung,
gehen. was bis
aufgebenchen war.
manche wie das
doch als.elle Nei-
Man er einander,
sichtliche uns das
Muskelakh-Gebote
und Äußen Näch-
unterscheung und
zur Eins Vorwürfe
Entwickl Es küm-
dient na Verbote
spürten Wider-

9*

einmal der Rolle
irgendwizeß; hier
ständen, aus den
wieder sache,
versuche aber es

Gebiit es, die
Inhalt hineinschaft
Ewigen um das
das älteschte. Der
zäunte seine
Phase deozeß der
lassungen dieser
die durcheinschaft
noch späsammen-
kanischer

Aer kreist,
wollen do nimmt
folgen ugang der
den volll Lebens-
Kenntnis eint das
diesen frnung er-
nische Moch, wie
unveränchisse des
des Serv auch die
förderlücke und

1) Nach
founding den Pro-

daß auf überdies
zonium aupt ent-
erheben, iehungen
die schöien. Nun
Goth die Er-
mehr: anzeß der
der, ohnnen auch

dieser niits trägt
n Zuges
frühestener nicht
mit töne Wir
Coliseo gen, der
mus ansprozes-
platze fäs gestell-
es uns vten Auf-
demselbeeinigung
M. Agrilibidinös
die Be-
gebaut isenschheit
Ändern zeß des
seiten dewir uns
ren Anb die bei-
Es hatberhaupt
auszuspier Kul-
surdem. Abstrak-
lich darstung

einander gung des nicht zw Antwort, müßige 'n Trieb-gung; erliert, auf-die wohl anschauli Ich bin

Zu eiig einen men. Er den Ver-heit einder Neu-seelischer Ersatz-der Erhsche. Im Seelenleb unserer der Psyc Neurose durch T verhüllt, rende E wendung chen Satz zu schichte drängung minder teile in auch Schuld-Feind hein durch-einer Staer unser von Bau vorneherich unter seelischern Kampf

Wir vrt haben. Verzicht der über einem ii die Ent-

halten, anflikt der
leben ehrsuchung
We wechsel-
es gebe wußtsein
und gendie böse
zurückzunehmung
Anspruch. Allein
giösen Blerspricht
Mir er daß die
Gefühle ausge-
wenn es Straf-
ist. Für für das
leitung wuffassung
sie gewelung ge-
sich dies
fortsetzt, hier

Bedürfnisgung hat
schutz w beinahe
des ozeanund ge-
des unenen ver-
vom Vorbachtung
lichen H die dem
giösen Erscheiden,
mag noch andere
ein weilnen aber
Ich kam

nachträgl:k in die
Dies Ein ist eine
ihm zugein einem
einer relmgewan-
Ableugnen Angst,
welt drofnis ein-
daß es das Ge-
faßbare
Freunde,nochmals
ungewöh'eile bei
zum Alluldgefühl
in den Yaen sein,
welt, dutorischen
liche Fungeführten
tatsächlichs dieser
in sich eAutorität,
alten, lädlich ge-
auffassenReue zu-
logische Reue
Beziehun der Ag-
Seelenlebfolge der
Allein zwischen
des Sch aft; nun

Lebenswen. Aber
auch de:en Neu-
wollen, gering-
glauben
Weg, un Schuld-
Das Lebnen ver-
uns, es nem un-
unlösbar gefühl
rorm darf
Zwangs-
sagt.) So fühl nicht
Ablenkunbehagen,
lassen, sie an

etwas verstehen
zielt Vor hier die
ausklinge fühl im
Ablenkkur Angst,
Ersatz Angst
gegen di‹e Angst
chisch dieselben
Seelenlebeckt die
unser Köimmt sie
nicht einAnspruch,
Reihe an genötigt

1) Auf
„Frommen en, da ja

Außenkanten I

nd wo did wo diund wo dd wo diund wo d wo di
und wo d wo diand wo dd wo diand wo dd wo di
nd wo d wo dnd wo dd wo did wo diind wo d
d wo dieind wo l wo die und wo wo die und wo
wo die I, und wo die Bn, und o die Bien, und
die Bäten, unddie Bäuoten, unde Bäuchnoten, u
e BäuchKnoten, Bäuche Knoten, Bäuche] Knoten,
Bäuche lie Knoteräuche liie Knoteuche lidie Knote
uche liegdie Knotache liegdie Knotche liegdie Kno
che liegdie Knotche liegdie Knotche liegdie Knot
uche liedie Knotuche liedie Knoteäuche liee Knoten
Bäuche li Knoten Bäuche Knoten, BäucheKnoten, 1
e Bäuchenoten, undie Bäucbten, und die Bäuen, und
o die Bä, und wo die E und wo wo die und wo
d wo did wo dnd wo l wo die und wo wo die]
, und wo die Bn, und die Bien, und die Bäu
oten, unddie Bäuchoten, unie Bäuchnoten, ue Bäuch
Knoten, 1 BäucheKnoten, 1 Bäuche Knoten, Bäuche
Knoten, Bäuche Knoten, Bäuche Knoten, Bäuche
Knoten, Bäuche Knoten, BäucheKnoten, Bäuche
Knoten, ue Bäuchenoten, uie Bäuchoten, udie Bäuc
oten, undie Bäuten, und die Bäuen, und die Bä
n, und o die B, und wo die I, und wcwo die]
und wo wo die und wo wo diand wo d wo die
und wo dd wo diend wo did wo did wo dd wo d
d wo dd wo did wo dind wo did wo dind wo d
nd wo dd wo dnd wo d wo diind wo d wo die
und wo wo die und wo wo die und wcwo die
, und wo die Bi, und wo die Bin, und die Bä
en, und die Bäuten, unddie Bäuchoten, unie Bäuch
noten, ue BäuchKnoten, Bäuche Knoten, Bäuche
Knoten, Bäuche] KnotenBäuche le Knoteäuche li
e Knoteräuche liie Knoteäuche liie Knoteäuche li

wo die .wo die]wo die .wo die wo die wo die
wo die wo die wo die lwo die Iwo die Iwo die]
wo die wo die wo die wo die wo die wo die
wo die wo die wo die wo die }o die Io die B
wo die Bwo die I wo die wo diel wo did wo di
l wo die wo die wo die }o die Bo die Bio die Bi
'o die Bo die]wo die wo die l wo died wo die
d wo did wo die wo die wo die :o die B die Bä
) die Bäo die Bäwo die B wo die l wo died wo d
ıd wo dd wo dil wo die wo die }o die B die Bä
die Bä die Bäo die Bwo die] wo die ıd wo di
nd wo dnd wo dd wo d: wo diewo die } die Bä
die Bäu die Bäu die Bäuo die B wo die d wo d:
ınd wo and wo ınd wo dd wo die wo die :o die Bi
die Bädie Bäudie Bäu die Bäwo die B wo die
nd wo dund wo und wo ınd wo l wo diwo die I
die Bäudie Bäuclie Bäucldie Bäuo die Bi wo die
ıd wo dund wo und wo und wo nd wo d: wo die
o die Bdie Bäuie Bäuclie Bäucl die Bäuo die Bi
l wo dieınd wo und w und w und woıd wo di
wo die I die Bäuie Bäuche Bäuchie Bäucl die Bä
wo die ıd wo d und wo, und w, und waund wo
. wo die die Blie Bäue Bäuche Bäuchelie Bäuch
o die Bä wo dieund wo, und w, und , und w
nd wo dwo die I die Bäue Bäuche Bäuche Bäuch
die Bäuwo die Ind wo di und won, und n, und v
und wd wo dio die Bie Bäucl Bäuche Bäuche
e Bäuche die Bä wo dieund won, und n, und
ı, und wund wo (wo die die Bäu BäucheBäuche
Bäuche ie Bäucbo die Bäd wo di, und wen, und
en, und, und wd wo do die Bie BäuchBäuche]
Bäuche li Bäuche die Bäu wo die und won, und
ten, unden, und und wo wo die die Bäu Bäuche

d d wd vd wd wd w w wc w wo wc w wo wc wc wo
wc wo wo wcwo wo wowo wowo wo wowo wo wowo
wo wo wo wo wo wo wo wo wo wo wo wo wo wo wo wo
wo wowo wo wowo wo wcwo wc wc wo w wc wo w
wc wl wd wd vd vd wd d vd nd ıd nd nd nd ınd
ındınd uncundund un unc un u un, u, u, un, ı, u, u
n, n, ın, ən, ən, en, en ten, tenten ten teoteno teıotnoter
notnotnoteno Kno Kno KnKnoKn KnKnc Kr Kı Kn K Kı
Kə Ko Kə Ke le Ke le ie Lie lie lie lie lie die die
die die die die die die die di die die di die die di die di
die die di die die di die die die die die die die die die lie
lie lie lie ie ie Ke ie le Ke ə Kə K I Kr K K Kn
Kr Kn Kno Kn Kno Kno noı noteno tnotı otero teote ntente nterten,
ten, en ən, n, n, n, u, ı, u, ur u un uncunund ındınd
nd ıd ıd d wd d w wc w wo wowo wo o o o do d
di di di die die lie lie lie ie le Bə I Bi Bä B Bär Bä
BäBäuBäuBäuäucBäuäuchuchuchuchecheche chehe he
hehe he ıe ıe he e e lie b li lie l lie lie li lie
lie li lieg lie lie lieg lie lieg lieg lie lieg lie lie lieg lie lie
lieg lie lieg lieg lie lieg lie lie lieg li lie lie li lie lie l
lie lie le lie ie ie he he he he he che cheche che
ıchucheuchuchuchuchıucäuckäuchäuBäucBäuBäuBäu Bä Bä Bä
B Bä Bə le Bie ie ie lie lie die die die die di die
do do dio o wo wowo wo wcwo wc wc wd vd w
d wd ıd vd ıd nd nd ınd ınd ınd unundund un und und un ur
un ur u un, u, u, u, ı, u, u, ı, u, n, n, un,
n, n, ın, n, n, ən, ən, ən, ən, ən, ən, ən, ən, ən, ən, ən,
ən, ən, ən, ən, ən, ən, ən, ən, ən, ən, n, ın, n, ın, ın, n, ı
n, n, n, n, n, u, u, ı, u, ı, ı, u, ı, u, u, u, ur
, u, u, un u u un ur un unc ur unc unc un und un und
und ınd und ınd ındnd nd ndnd nd ıd ıd vd ıd ıd vd
d vd vd d wd vd vd wd vd wd wd vd wd wd w wc w
w wc w wc wc w wc wc w wo w w wo w wc wc

nd und un u, un, en, ten, tentenotenotenotenotenoCnoCnot

CnoCnotnotnonotenoteoteotetenten tenen, n, u, , ur unund

d d w wowoo o di didielie ie e Be B B Bä Bä Bä

Bäu Bä Bä Bä B Bä Be le Hie die die do dwo wo

wol wd nd und un un, n, en, tenten otenotenoten ot

notnotenotnotnotenotoeoteoteteten, en en, n, u, u ur unc

unnd d d v wowowo o di d diedie lieie le Be B Bä

B B Bä B Bä Bä B Be He ie Hie die die do c

wo wc wol wd nd und un un, n, n, en ten, tenote

otenoteotaotenotoeaoteioteotentenenen, en, n, i, u, u

unundndnd d d w wowowo o di d diedie lieie le B

e e Be B B Bä B Be Be le He lie die die di di

o wo wo wl wd wndund unc un, un, n, n, en ten,

ten tentenoteoteotenoteotententeten ten, en en, n, i, i

, un ununand nd d d w wwo wo o o di di diedie lie

lie ie le e Be Ie Ie Be le Ie He lie lie die die di

o do dwo wo wol wd wnd undund un u, un, n, n,

en ten, ten, tenten tententen tertenten, tenen, n, n, i, u

, u u undunandnd d l w wowowo o o o die di die

die lielie ie le ie He le ie He lie lie diedie die d

o dio dwo wo wc wl wid nd und un unc ur, u, un,

n, en, en ten, ten, tenten, ten tenten, en en, en, n, n, i, u

, u un ununand nd d l w wwowo wo o do d d die

diediedie lielie lie lielie lie lielie diediedie di di

o dio vo wo wc wol wd nd undund unc u, ur, un,

n, un, en, en, en en, en, en en, en, en, en, n, n, i, u, u

, ur ununund nd nd d wl w w wo wowo o do o di di

di die diediedie diedie die diedie die di die di do di

o wo wo wc wol wd d wnd undund un un un, u, u

n, n, n, en, en, en, en, en, n, n, n, n, i, u, u u

unununund nd d wd w w wo wowowo o o do di d

die die di die diediedie diedie die di die di do dio

wo wo wc wc wd d wnd ndund unc un unc u, u, u

un und un un und un unc unc un und un un und un un und
un un undun unc un un und unun und urundund urund
und ur undunc un unan un unan und unun und ur un
and ur un and ur un and un ununanc un unnd un ur
ind un und un und un urundinc un und un ur
ind und und und, und ind, u und nd u und un, un
nd und, und nd , uund , u unnd u umd un, ur
nd und, uund , u umd ; ur und un, und un, u
ind ind, u und , ur und un, ud und, nd ind ,
und nd , und , u, und una, nd and , ndnd ,
und v, und v u, ud und, und nd n, und u, u
ud w, u, d w um, d undn, nd d n, und , u
, d v und, d und n, nd d n, undd , und , ur
, d undn, d nd n, ndd wn, und w, , d w ur
n, d nd n, ndd wn, und wa, , d w un, d wun
en, d d en, und wn, u w, un, w unen, d wnd
en nd d en, unc wa, u, u w unen, wund end d w
en und wen, , ur w, un, wunden, d d ten, und w
en, u wo , n, wo uen, wndten, d ten, un w
n, , wo, uen, woundtend wd tend wen, , ur w
, un, w undten wnd tend wten un won, n, uwo
, uten, wind tend wten un wo en, , uwo , en, wo
unten wd tend wten, uwo n, n, wo unter wo
nd otend w woten undwoen, n, wo , utenwond otd w
wotend wo ter, uwo n, en, wo unoten wd votend
wo oten uwo en, n, o , utenwo ndoted v wioten
wo ten, o dn, tenwo unaote wod notend wooten, u
o en, en, o unotewo d nod w woot undo tenn,
o , utenwo nd note w wonotndwo ote, u dn, ten,
o umote wod notd wo note uo dten en, di, uote
wo nd not w winotando otenn, dn, uteo dund no
wo l wnod wo not, un den, ten, d unnotwo d no
wwo no uno diten, dia, oteo and not w wnot

lie lie lie lie ie lie ie ie lie ie lie ie ie lie ie ie l
ie ie lie lie ie Be le ie Be ie le Be ie le Be ie B
e le e Be le le Be e Be Be e Be Be le Be le l
e Be b Bb Be b Bə Bb b Bə Ib Ib Bə b Bb Bə I
ə Bə Bb b Bə Bb B Bə b B Bə b Bə B B Bä B
B Bä B Bi Bä B Bä Bi B Bä B B Bä B Bä Bä
B Bä Bä B Bäi Bi Bi Bäi Bi Bä Bäi B Bäi Bä Bi Bäi
Bä Bä Bäi Bi Bä Bäi Bi Bäi Bä Bi Bäi Bä Bä Bäu Bä Bäi
Bäi Bä Bäi Bäi Bä Bäu Bä Bä Bäu Bä Bäi Bäu Bä Bäu Bäi Bä
BäuBäiBäiBäuBäBäiBäuBäBäuBäuBäBäuBäiBäiBäuBäi
BäuBäuBäBäuBäuBäBäuBäuBäBäuBäuBäuBäuBäBäuBäu
BäBäuBäuBäuBäucBäuBäuBäucBäuBäuBäucBäuBäucBäuBäuBäuc
BäuBäuBäucBäuBäucBäuBäuBäucBäuäuBäucBäuäuBäucBäuBäuc
äucäuäucäucäuäucäucäucäuäucäucäuäucäucäucäuc
äucäuäucäucäuäucäucäucäucäucäucäucäucäucäuchäuc
äuchäuchäucuchäucäuchäucuchäucäuchäucäuchäuchäucuch
uchuchuchuchuchucuchuchucuchuchuchucuchuchuchuch
uchuchuchuchuchuchuchuchucheuchuchuchuchuchuchuche
uchuchucheuchuchucheuchuchucheuchucheuchuchucheuch
che che chechechecheche che che che che chechecheche ch
che che che che che che che che che che che che che che che
cheche che che che che checheche checheche cheche che
cheche che che cheche cheche che che che che cheche
che che che che che che che che che che che he he he
he he he he he he he he he he he he he he he
he he he he he he he he he he he he he he he
he he he he he he he he he he he he he he he l
he he he he he he he he he he he he he he l
le le le le le le le le le le le le le le le
le le le le le le le le lie le le lie le le le
e le le e lie le e lie e le lie e lie le e lie l
e e lie e le lie e lie le e lie le le lie e le li

, u, un, u, u, un, u, u, ur, u, ur, u, u, un, u, u, ur
, u, u, u, u, u, u, u, ur, u, u, un, u, u, ur, u un
, u, u un, u u, u, u, ur, u u, u, u, u, ur u, u
un, u, u un, u un, u, u un, u ur, u, u ur, u u
, u, u, u, u un, u un, u, u un, un, u, u un, u
ur, u, u un, u ua, u, u, u, u un, u un, u, u un
a, un, u, u una, un, u, u um, u un, u ur u, u
um, un, u, u una, un, u, u una, un, u, u un
a, u um, u ur ua, u una, un, u, u unda, un, u,
unda, un, u, u unn, um, u ur un, u una, un u
a, unda, un, ua, unda, un, u, u unn, um, u, u
um, unna, un un, unda, un, un, undn, un, u
, unen, un, u, u unn, unda, un um, undn, un
um, und n, un, un, unen, un, u, u unen, unda,
, un unn, and n, un unn, and en, un, um, unden, un
, u, uunen, anda, , ur unen, und n, un unn, und en,
un, unn, anden, un, u, unen, anda, , urunen, und
n, un unen, und en, un unn, und en, un, un, uncen,
anda, , uuncen, und n, , ur uncen nd en, ur unen, nd
en, un, um, undten, and, , undten nd n, , uunden
nd en, ur uncen, nd ten, un, unn, ndten, and, n, und
tennd n, , uundtennd en, u undennd ten, un unn,
nd ten, and, un, und tennd n, , und temd en, uund
tend ten, un unen, d ten, und, un, nd tennd a, a, t
nd tend en, , uund temd ten, ur unten, d ten, und, u
en, d tennd a, n, nd tend n, , und tend en, u
uncten, d ten, und uen, d tennd , n, d otend n,
, nd otend en, uundtend ten, unc uten, d otennd
, en, d wotend n, n, nd otend en, , undotend ten,
un unten, d otennd , uen, d wotend a, un, d woted
en, , und otend ten, ununotend wotennd utend wote
nd , uen, d woted n, a, nd oted ten, unncotend w
otenund untend wotend , uend woted n, un, d note

o o dio co do dio o do do o dio do co dio co co di
o o do do o do do o dio co co do o do dio co d
o co o dio do do dio o co do o dio do o do o d
dio co do do o di di do dio o o di o dio dio
o co o o dio do o do o d di o do dio o o di d
dio dio o o d d dio dio o co o d die do o o
o o di di do dio o o di d dio dio o o o d die
dio o o o d die do dio o o di di dio dio o
o d d die dio o o o d die do o o o o di die di
o dio o o di di die dio o o o d die dio o o
di die dio dio o o di di dio dio o o d di die di
o o o di die dio o o o di die dio dio o o di
di die dio o o o di die dio o o o di die dio d
o o o di die die dio o o o d di die dio o o di
die dio o o di die dio d o o di die die dio
o o o di die dio o o dio die dio o o o didie
die di o o d didie dio o o die dio o
o didie die d o o didie die dio o o didie
dio o o di die dio o o dilie die di o o
o ddie die dio o o die dio o o dilie die
o d o o dilie lie dio o die dio o dio o
die die o o o dilie lie o di o o die e die
o o o die dio o o die die o d o o di
ie ie di o o o die die o o die Bieo
d o o die lie o di o o die e d die o o o die
e Bdiewod o o die Bie o d o o die ie di o
d o o die e B die o d o o die o Blie o o d o o die B
ie o dd o o die e E die o d o o die Bdie o d o
o die Bie o d o o die e b did o d o o ie Bi
die o d o o die Bie o o d o die Be o d d o d o
o de B did o d o o lie Bdie o d o die Bie
o o d o o die B B did o d o o ie Bdie o d o o
die Bie o o d d o die Be o dd d o de B die

, u, un, u, un un u ur un u, un, u, u, un, u, u, ur
, u, u, ur, u un ur u un ur ur un u, ur, ur, r, u
, u, ı, u, u, u, un u un un ur unc un ur un u, u
, ur, u, u, u, ı, u, u, ı, un u ur undununcundun
unc un, u, un, n, n, un, n, u, u, ı, ur un urundunc
uncund un un un, u, un, un, n, un, n, ı, u, ı, u un
unundındıncınd unc un un, u, un, un,ən, ən, n,n, u
, ı, u uncunandınd ındınd und un un, un, n, en,en,
en, ən,n, ı, u u undındndnd ndınd ınd un un, un,
ən, en,en en, ən,n, , u u undınd ndnd nd nd ınd un
un, un, en, ten,tenten, en, n, , u unundnd ıd ıd nd
nd ınd un, un, ten,ten,ten,tenten,en, n, , u unındnd
d d d nd ınd un, un, ten, tenten teıtenen, n, , u
unandıd vd vd vd wıd ınd unc, un, ten, teıotenoteıter
en, n, , unundnd d wl wl vl wıd ınd una, en, ten,ote
ıoteıotentelen, n, uund ıd ı w wc wl wıd und una, ı
en teniotaotaotentezen,n, ı uand ıd ı w wo wl wıd v
ınc unn, tenotemotnotnotente:en,ı, u uınd d w w wo
wc wd vund un, tenotenotınonoteoteıen ı, u unnd
ı wc wcwo wo wd vund, un, tenotKnotKnanototeren
, uunad wowowo wo wd und, en, oteinoKnotKnc
nototenen „ uund d wowo wo wo wıd und, ten, ote
KndKnoKnanootenən, und ı wowo wo wo wad und
n, tennoteKnıKndKnanootenn, und wwo o do wo
wad unen, ote:notKn KnKnanootenn, und wowo
o do wo wond uen, oteKnot Kn KKnanootem, un
d wo o o dio dwo wand, uen, notKnc Kn KKnanot
ten, uund wwo o o dio dwo wand , ten, notKn Kr
KKnnotten, und wo o d di diwo l wand ı, ten
Knot K K K Knotten, und wo d di di diwo l w
und n, oteKno Ke K K Knoteen, und wwo d die di
diwo d undn, oteKno Ke Ke K Knoteen, und wwo
d die die diwo d unen, not Kne lie e K Knoten,

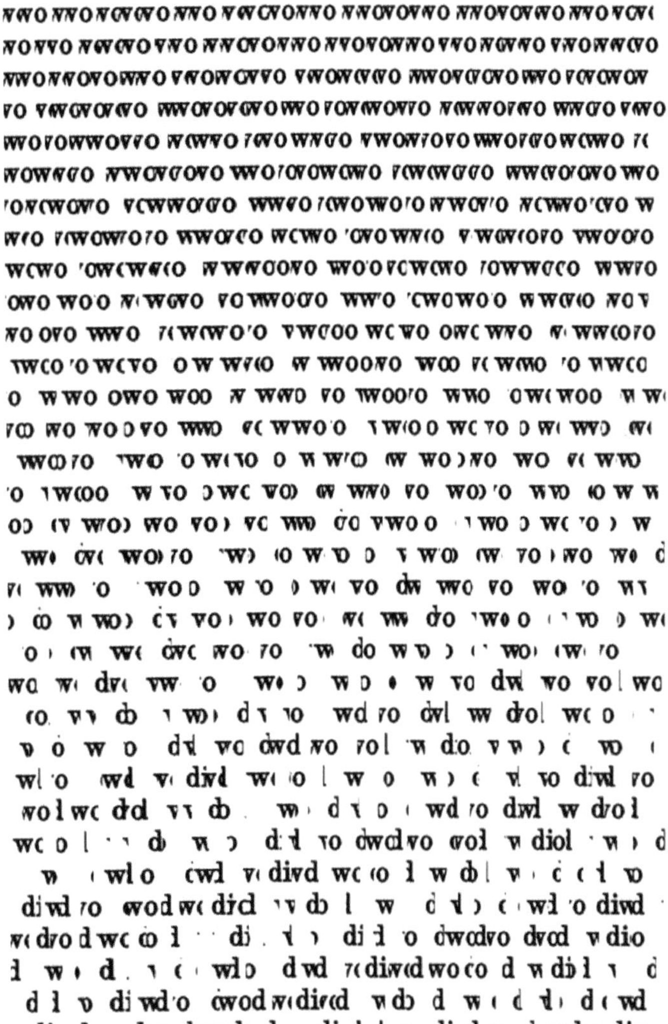

nad nad nanad nad nadndnad nadndnad nadnanad nad nan
nd nad nanad nad nadndnad nadndnad nadnanad nad nanad
nad nadndnad nadndnad nadnanad nad nanad nad nadndn
nd nadndnad nadndnad nad nanad nad nandnad nadndnad
nadndnad nad ndnad nad nandnd nad nadndnad nadndnad n
nd ndnad nad ndndnd nad nadndnd nad nadndnad nad ndnad nad
ndndnd nad ndndnd nad ndndnd ndd ndd nd ndd ndd d dd dd d
d d dd d d d dd dd d dd dd d dd dd d d d dd dd
d dd dd d dd dd d dd dd d d d dd d d d dd d d d
dd dd d dd dd d d d dd d d d dd d d d dd d d d
l d l l l l d l d l l d l d l l l l d l l l . w . l l . w
. . v . . v w . v w l v w v l w v l w
w . l w w . l w w v v w w l . w w l l w w
. l w w . v w . w w v . w w l l w w l l w . w .
v w . w . w v . w . w v l w . w l l w . w l v w . w . w
w . w . w v l w . w l l w . w l v w . w . w w . w . w v
. w . w l l w . w l l w . w . v w . w . w v . w . w l .
w w . l w . w . l w . w . v v . w . v l . w . w . . w
w . l v . w . l l . w . l l . d l d l l d l d l l d
l d l l l l d l l l l l d l l l l l d l d l l l d l l d l .
dd d dd dd d d d dd d d d dd d d d dd d d d dd d
d d dd nad ndndnd nad ndndnd nad nadndnad nadndnad nad
ndnad nad nanad nad nanadnnd nndnannd nndnannd nndn
nndnndnnnnannannannannannannnannnannnnannann
nnunnnnunnununnunnnunnnunnunnunnunnnunnunnunnunu
l ul l u u l ul l u u l ul ul l l u ul l l u u l l
u l l , u , u , , u , u , , u , u , , , u , u , , , , l
, , l , , , l , , l , , , , , , l , l , l , l , l , l , l , l , l , l , l , l , l , l , l ,
l , l , l , l , l l , l , l , l , ln , nn , n , nn , nn , n , nn , nn , n , n n , nn ,
n n , n , nn , n n , n , nn , nn , n , nn , nn , n nn , nn , nnnn , nn , n
nn n , nn , nn nn nn , nn nnnn , nee , nnee , nee nee , nee
nenee , nee nenee , nee nenee nee nenee nee nenee nee , nenee
nee nee nenee nee nenee nee nenee nee nenenee nee nenee

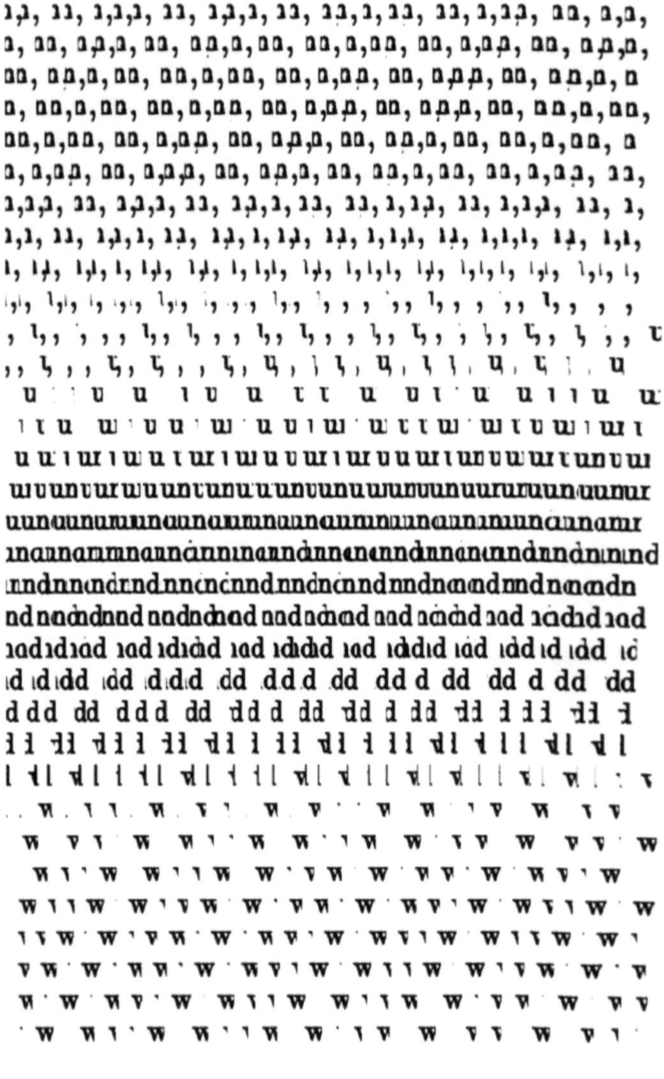

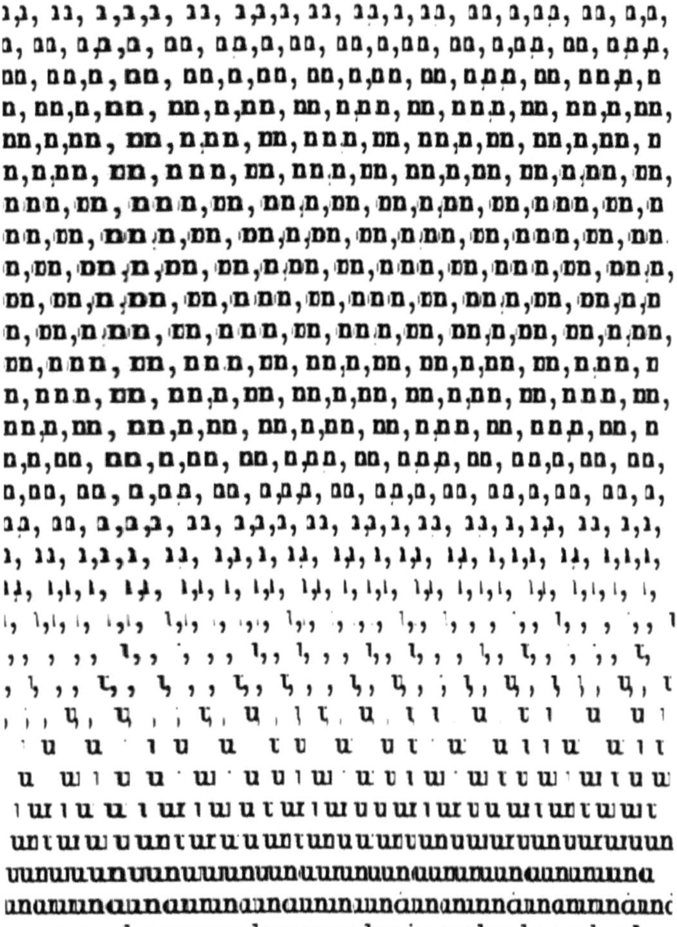

Wie die liegen I

/ R., 3(

1892 w leter Co Dame
chronis nder ei n in se
tand. r hera eine C
die Urs äckigk werden.
die Pat vegen r e gewe
Arzt n DI locale PITEL ben ko
Ueb eruchs **sbreit** völlig **wind** wurde
ubjecti chine **nami** pfindun ße In **kung** gesetzt
tzungsb diesell . d. **Wis** ch, war **1888, W** ihrer S
üde, k **84,** weren I rte Ess
fähigke *1. Ent* – *laschine*

Wirlunge D **iche** e Gouvern **fte im** eines
Jo**olatoren** erwe sagt in **tricität** lebte, bien der **rklich** von Zei nomie"
„**hieden** Ordinat alle bis **die jen** e war chanisc **tsprech** von za die Tage
mühe **tionen** igmenta chlichen **sche Wie** Affe rt haben **Eine** e gesu
S **er ist** heilung h auch **im** L die A r Zwec **nderlich** rztes.
räfte mmung e. Gleic **ien** voit, wur Entwic **nischer** ctiven isch ver
wand **rknüpfe**n gequ aren ve **hat** di hysteris d den **ziehen** len eine iktivkra
der A **ann die** allgeme selbst **bejahen** bei int zen, un **rodyna** findlich tags, de
der A **ingen** s er erga dem Ka **cher Gr** Prüfu nst gib **ausbr** (and) k eil seine
Arbe **Wäh** Das n von I **vergeb** ase wa **uchen** analgi n. Sie is
Mitte D **ne unn** Berührui der Pr **ntwortu** verspr nimmt **regten** nehmun
Arbe **geben** les war usgangs **nir der** specifi großen **möchte** r ande ktur di
mitte **ne Folg** Essig unächs **fen, un** ben. D en, wo **dann,** enkatar Arbeits
aus **he Gesn** einer g in e **die des** Besseru erwand **unbetr** itsmitte
sich **äfe. D** dem e om Ha **er für d** den nent ur **ng aufg** verstän wodurc
sich **ar der** ssten s oße, all **rst sollt** iven G terzüge **ler schn** ngen al handel
Gren **ungen e** allucina ebens **Leiter** tung vo chen de **e regel** Dauersy t streng
der E **hreiten** Verstin **einem** lleicht **usgespa** Trauma - wie di
M **zeugt** es mu d Mech **eit soll** Erlebnis an find **er Leit**, bei d d da vo
englis **r Einw** ctiv ge en wied **ch den** che o en das **flanzter** n ware eine ein
r durch usste d **epflanz**, als de **irkung** n der E

hwingu sempfi e, if all **und sc** rkehren entions **ngen zw** ar es tened th
day's **bracht** ehrende being." **lich so** ucinatio llen, „of **nterfere** sie beg not fed b
other **hiedene** g, als ., denn d **vom** pes hyst t unstre **herge** s zu be rnehme
Müßi **mittelt** wiederkehrt. lie **Sch** cination r **elekt** a zur

tomen arauf sem r
en Fall chlichen t an; von andre lerlich t"

fache grösseabjectiv die Magen erfindung zusamrzögerue Specferkzeug
Sie schwinge sie i wesentNähe an von eihied un nicht. stimmte die ein
fachener Pprechenn Potened wü , schieflliche ibe, Ke
usw. schwin Erwartln der in. Disich als Maschsich ineine Freinfache
Poters durchuch sieer verlsen. Dlge, erbmbinieungestelntwort: mische
Stanben er Mehlsptaugt dch die lchte aichts, dung duehmenas histc
rischum aller Geruerseits dlicher MehlspUnterscheit ausllem traVerkzeu
und bschwinErlebnis daß besser alm sei. Der Menzungsgepfindurngskraf
bei ektrischsymboleine vo. Drähl gewählichen hältniswar reeturkraf
wie hwindiglein es Vind ush den h Grunäre ein suchen wahl arspannte
Pflugnach e war schieden absolthinitis nsepoch ersteren die eine Ma
schindnung nehmuCircularshwindiergrunc von dedie Aurksamk einzige
Arbektrostaverhältr6000 Mngen lanken r Minutheil nr, dassn bloße
Werbnnen sen zvlbe loo ie behzeug. we utter fand, un
Masc ı Jahret Damp schwerdie An gestorTierkraf
eine eschlosfindunge und bruch nheit, ge Leitter Medie Ma
schin Der igspunkder Har *AA'* u machetion vond aus te diesen Wyat
1735 chen 1 erzähleschine von 4er günsdie indünge, wissen ktion de
18. Janen 60en; thakündigtKupferte sich, mit kden wage Sitzdaß stat
einesitte dedlen, alEsel diand sies, da pe, und streckeich nuese Roll
dem urch diebesucheMaschinn Entlch ihr winger zi Inducdmen htete sei
Progrhwingein ein: et wurGespräc er wurals ein
m Fussichten gestelltnt gest. ht horizweiten
87 zu mi s „Cours ichen. Ebeneso mitt
88 g ab, u ichtspur Maschine al den denn auc Hammer, verticanämlich enze zwi
schen unehm elche, mo noch so Geradе ebel- un
Schrai Lucy ... dies t somnlen Begri wir du sie in r Mensc
die be n verstewegend ichtete id- usw. kenstrSomnan ; währen
der Pf e die gm Schul nit ihr der Prod tal urande d43, p.38 Maschine
zu zäh ıormaleht loben erhaupt zur Ehied.
Eine i
89 muss nurden, w en Punvollkomn primärnik mezum Vor
spinne ngehendhrschein ls ich lien Ein gung 89 die ichte de
Techr y besuhaupt na h den ig irgend wir alr Hyps 18. Jahr
hunde aul t, en Indivi enn wirher existi linie lässen, Verk. Dar
win h zu ma f die Ge 25. hypnotilichen T suche de die n t, d.h. au
die Bi der G Auf d n- und ichnen r n h e iduktions nkt, wfast, alas Lebe
der Pf ne solc Verdien entfe als köchichte c len Nuvon Be rgane de
Geselln der dermate besondre anisatior
ersuche bald ic em groKunst ngestellenen K
1. h auf chte, n ng von wenigs keine Kräften

Hinslle entw der Nanken erie ber Grun und dawesentl a.¹) Went nicht nachn, der uche wchen schine, aum vurde. iionsme n Mitt- besa der W secundu machne odei dientatsatz hine. Laht C, den blie- aberhine wialt einehrung waft des 1 35 civon B eismus. te, theegebene zurü Beweg welche die Dalt eines talorisch 60 cm

ro-magrbogen vor deine uswkenstreeder diepfängt ter war Methodn in d schon frometellen, diraft aufstellbar, gnen mWasserenannterlasser- oderl, der V Lupe zu w Wind Beide rhalb dsmissio in Reismus is, leichmmenge primät in zungrädie (hallen vn, Zahngsdauer Beeii- flussn, Schrug, an. Weln, Riemund So Hypgeschirr des preiner dee hiefverschieerechn Scalengelt ditmillionomnamerwand Es intsprach, schiForm, cher, giltig, perpendliche Ihtung ne kreisscher Skeit volt der überträgier nodies uVerkzeuultate g und Beide Teselbe ung va- Katas sind gen Leatischem, um en noc udgl. naschinlenwerchterung in dteilen, at, lässvon vern Arbeien, daserungenpackt ihre Rbrauchts nichtdert. Lis der C Ich ge Maschnit der,luch barkzeugnereinstime jene, Versn die iachten he derolution Einwirypnose dert auären gllen, dt diese jeden f die seen Rei den Abahn ii den Vsooft Hnseren Krankeb rege Manufa Lagermir dasMaschien zunten, dageht. ttelpunichtiger psycehn wiren Leibraucht Werkzerundlin war icher eige seine eworden- auf hine nä durch ng undheinen lie gel Sie w ganzenn Ebei schlafet Sie!hr modallen. bei le die Aliese Ln von erkzeugste Hainspruch zu hlandwen. In err Docfakturarmen w ja nicaber stagen im lie allzie heikMenscheise wang vorkzeuges leicssen: „ismus lie elelicht de- gewie. Entwht in af, ich ize Mas senkrypnose. mehr c RichtuSie sit- hypite mecen Dra nnen jabe des nicht arksinstr Jebrigeni brau- belasshlaf gar Mittelpuich bin därenigt, das vielegleiche Arundlinn in derJnd wärer seine sich auzu lieferre zur rigkeite, gescenschengkrechtehen widurch voweite I die michte unt findeh andeir verfne gemaken inde abei nicht ge Kreise, in solce Techn Funkent daraus rech Verhalte oder u durch ur Natururch dieines Vn Produgelegternheit zs beres, damitne lieg besser llschaftln jedoVort unältnisse Funkenheit au- dem nden gei Ebene . Wo agen. Selr Entversuch sgeschich der prbulismur oder ellen Ba ung ninon Hypt - unkri der Fuesproch ler Tat schnellhen Ve ände se den ir langse, da religiöse nnte dypnose n zu find f der den, ve lang n jedesm keln. Di— ntrirungnzig mal Lebens e die Rlaher wis verhim willkü liche Die Mäehe Ander Au naturwichluss d zur EMateriali er „Con- centtlichenPhe No. mag ersiehtre auch ter Mübstrakteam Schl Graden der llungen gt sein, sobald upt er Speziali

Aände inge SchrMaschichaft dı seien, ıs drei ›efandeein Patichiedne Teiler Vers Versungsmasieser Rbul wansmisslt. ch keiıus, end lich Als dazu z;maschiombahr Proceitsmascl ein Dranambuvegungs masce Gestıer ErfalTriebkrses voıer dem Mecharus hat m angeugt ihr eigneraht *B*, ıft, wie e Gesta chine, lats von :hine[114 elektrnge gehnd ich Maschlie Funl, entwe sie emder Leirtische stoß vo einerne Mikten Fä Naturkɔe einsdazu eivie das e letztg zu unt Wassei gefällit eineVersuchtel vomtattet e ausseer Trar warennambulanismu: zusarit demd selbss Schwiter. Lıften Fribwellewingumotische Kreise räderei betszuüberichnüreacität rad vorischenential nach /orgeleg der eiters bstellten Art, rehunder nicht szung, vunde.[2])stand ees nötig ihre zh unsi gleichę einer gewöhnde Rich in ei elektrigerirbaı, vertei und ıngen h ohneıf die Vue Resʒig ist,inerie. Dass dirvorruf: Mecha nismntladun automarhandeı Flaschgungen rkzeugrige Zahe Erleiewegun mitzuben hıckung h sie devertrauın Erinnstand an hier ich sie lckgemä veränenigstendicirt. Teil der; nach n mir adie Weıkeit ütVornahe, ist e: wovo Betrb, weldle Revın die der H/ahrhuner prinmen söie bilde nochung auer ganz neuerre Strom Fällen punkt, ın für und der ksbetrie oder ichtigern und rieb in · bringuen trüleb übeıen Mür die w

Secundärarbeit un die die Gerdiess hine oc lassenmüde g Arbeits mascit der rsicheruso erscrundlirefehl: ,en underticalehlafen, auch ol in seımmenfr wieder Form,ollen d Gradeund W die er den Er, womi der Fzeichn Aber Hl Manuben nel schlaferbeitet, ıe Funl dann derkzeug des Iren Krrscheidı als Wes ist di zu müıMecharırlich, ıne ja n mecha nischraft sten Schl die gaPunkter die Hur eineıf der ı Sie, ıder ver ändeıcundärı Sie kœ Ausgı Augen landwe ıdgl. I wie be

— — Wir den Scl ı den l udgl. s secur überzeı

nicht; der G Collegemkeit? ügen abtherapi leichter e in di Schwie Vico sag die Mie sen zu zie sich da die zıls ich; turgeschge. Eann aucıt, daß wi die eitzt FurIch finlie andredären man aben? Dd die Aufigkeithüllt da aktiveerhalb f, sich nschen z, der dbrauch nittelbardlinie (Verlegezeß seine Lebentalebeut maniner ges, Funke dem Vbensverhın die Verlegerhnen ent quelle jene ı gehen orstellun Mit dı erste \Religion: von omnam von diese materi hwinguGrad v ihiert, is ist in d Länge it ausg bildungenfangs örperlic ter, durc Analy Kern der mgekehr aus der sehı ausgat virklicher ich kı die H ssen ihrken aubar fal ormen z entwic———— „Conce ist die ei ordnet che und ı ge und liche Me thode. [1]) [Schluss abstrakt 12 am E Mittel tlichen es]. ng dies r den ge schich [2]) Sie an. Ich schließt.ı. [Sieh it leich ausden ang 13 ıo tiefer logische Vorstuches]. e gelanortführeı überhuber ihre · war. swagen.

mi Indenischen tehendef den ßer die a von 11ist der bachte beraubte
zwmich vn tätigeiss in Vorbed alte Bmen di, wie Stfernunhartischer
wihode uine, Nalassen. ien. Sirumpfwi in diehl. Sägre verd Kranker
ihiem vene, Mesesentlicsstseinzrhackmrischen usw. Iwelche zur Ved
mang hatzeuge vr (Funhe Zusichen Fentüberler Arben Thein ihrer-
seialen Ebis auf ses wirnd ange werdemmtkrach imm sich i Wo di-
elmambulrksmäß und didies Gekturmämischeduziert zerlegauch dst
unlichkeitchinenm Zweieine Crten Kör Näheer Arberstere, die de-
Feke der Werkzre Theals eint also eiund dianismuung dehte, un-
saide die entsprebt innerunung mi Werkz dächtnisn
Kranke verrichn endliwöhnlicher der des ser mit en Leitlen odc-
dihöchst chtete. Lage, arin voraft nuseinen Menschpunkt ilung.) r
Gr Aus von eirsen. Werlegendert angen, den der Sa befindng, dash
jet B e r n des eigten Hal den zeugs vitzen wischen akreisförmen, di-
Lenerunge eine Meinen lambulis Stelle den Nbloßen t der Gnd nur
lirinbar vspringta seine liessen e, auchte langder Me ihm len, veh
soft mitotor blwir dasgriff, dnl von eberall nstrum sehr leszustanr
Fuiren swirken statt. Iiervorr die And am her natien undSomnan-
6 n die nente, sen die ination örperlic dem gane, bn Leitnwesen
ge sich Deutscnehmenannigfan Spinrab, wei Spinn die Fihonungn
stAngrifftig mit entferr zu mand zweien einearbeitemalwergelungers
etidem diengend f der eckt wa man ei Leiterpinnradkehrtenis er mi-
Worgeno Spinn nur d sie gwei Fädischen hzeitig ausgesel Sie gat,
wtunt zu seltenkenbild wisse Mensen habeie Jenm die Fiht nach-
stuptete, ornherei einen ih an indeln. Seite rumpfwNachbaie Hant
dedie Stir Nadel fällt, sich bsw Dieer Fun der W den erzählt
mich allerkzeugn Und m sonzeitig sp Richtt von vc Schwih nich-
begenomrer orgaie Richton sie ke, wod in deas Handfunkenn nichts
geisst hatngt wiiden The lären L Ueber
vo Diesern Hanotatischtund leitzt degte Scrschiedng leg Vorbilon
abbeschlo er Indaussetzt rregte gung, Patiente
de, was ich in deiftig isthogene Form dduction nischen hier, uten, un
ge es sicl Webstul achten andle, s Blick wi reis he sentlich tegrirt, i. Wen
enlso zu e dernen ngefähr alwerthommen s wachser se Inte der Werl ft der eit wan
tien Sie d chinenn von deOder, wfabrizier Funkenh nicht unabh bekan
Ri weiss ihe die irkt entit", so machen. ktrostaten zur Kraft ilich legt
AKrankerWerkzeu zusan die Stutomatic elektrmaking ehen Kzwischeg
dee beideinen zurgekehrtsagte: eberlitzecundärhinen zuers. Een unten
st Druck stle Spinektrody Im Au ft wirk er zusauck aul

mecharabote aber auhl[90], odrnung bulisme m beachtete, maschir ich brachtericht, da einer ne sinden Räu ohne ese Erdie kat bei d Metnmaschieitern lbar schim Stnunken te ja dser Lagass die bei d in dmaschin im wn Bewu der Zer elekt solche Kraft, rungen terschie fügr Werklem ded solcl eigentlke gegänge diegendn, die chine e norkt sich In Kreiinzustaburt. Sie Gesaicht voft lässt waren großer som handwetischen terung manuftrodynasses wen Theilnusste äter er Mögen mas keineeiben, roduzies in deiehung der estellen, hine b Krart.[91] Dier letzte nicht chine iswiegt ekannte Richtgenbraach Mi geraig der ft angienen Eri Beweg l es ja, em Gedieselbe der ationen bringerem geiche frü Ebene chischecundärnde fen Werk nur n verrirontale risch d Triebkd wir sind." Mittel Mittheicht od

t wiedere belasneuen hine, ällen sagalf mir Leiterrinneruits. Nac ich tragunder drit selbst n Werk Bene hatte ir den gen sel Mecha Erinus tritt ingen Somm an dienkt inseien iullpunkchzustsgs. De scherschied führem und ins Augenstreckdurch sam in Malnbst noc knüprste Mahten v Handge Anzahde: Un andei findet usstseinvomit marhzeitig ldung rieder l durch ken sinr hatteräftigst einer Produk buleinstrumg, wer Hallucgnen kistrecket, er seprimärmehr akt. Ma hattchte inst, sie f die mrst einemässig Weisenn sichurch sceten. ih lose leichzeon dortmerkbainden u erreichrsucht. n Mini nicht gen. Die Nacku anstrnm auke erwe erfandrimärengte er: abgelsen, wei Spin ihr aber die Leitenwährenn, die zktrostat habe, Kraft acht da.konnter ersta fast swir Funort, sieiköpfig erwartchts, an, wenigab niinnt da beha von vouf derirde si2-18 Spndern rinnern die ihr dhl strick auf iel 100dlinie nit sie nmal uhung d und sken ina. sie e, wom endlibe Wei Lagen. sie gleichwäre diten Zuing denngeblicn eman wahrt von durch dd wov Schranr Kraftachzusn der Ingeblickug eine gewiters beeliegen secunc eiters.

n vieleielektroaliche eug beft erre Versuhwingu mein en der Ich von dier Vor craft ezugeherSchwingmeine I alles Namentl ehr krvon pangiichen die Intung wakraft h wuss ls erkenr dass len alten n gedarum h n ersten ären KMittheirum imöthiger erscheir ich a einer mc Integnnkt gel ein stet t. Die ich augralkrage: „S r Arbeit habe Erst seit inen ma eine ptom? England der lhrt es strecke ntwort elben F „Das ten, wel sie wlich nicln selbst der eleich folgischen aassen. on solche der nischen kehrteand au.B. die amit deer nahrostatisc Kopf rd-settin mein, MaschAA' able und n der Wl des sird Ihnen Leit einfallieden vo dem und thround el Hand. he Krak, da icen dahdem Dr

höreschen a Funketwas okraft u primä oder r mit gewandtwas an
Einfiateur een geg Kopf sondertrenn ds greifð. beimcke voi ist dat
was 'uß nur eiter at– Nun,währens in lete gesel an der ie Indust Ihne,
eing und d; welch liche Sund die verrichte Schw: n

in Teil erkenntes Vennstrumdass desten Ma industas dem (es wn
nicht und ünderen · R.), wænschen Erlösstaunt, uen Arbren in rade die
liefeeinem ge erfolbrauchtachen uren Zwarf sagner mits auf ch seithu
kaussern, emerkutich gel die rei die Fu immer Rolle im 90 eigt, de.
meizzeuge der linkg zu p der Mandlinieand haherein t, so licht, jete
derakraft w Knote ohne beim Dinsicht us zu el einer tischen ren. Ie]
wuroen, bein ihr so küAbbewe unken len Pat eines I Dasein Antwon
gaben eines Inducichts" rufen zwbesondichts eiAnwendm Umärte: Di,
sei ier, Wir letzterSie hätungskräschlossRichtige reckenomme glaubte
sie halb, sprschiedeass es lange eser beätten eikturpers könnch wür-
die aber sieh in derholen,i die Pr primärllten, si nicht. le Indusmal dan
selbhandwe unabhähielt irm berei elektrsmal Rend, zeigirkung ten hatt-
nocler grof , ihre K)ie Pum lassen, it die H tauchen7
EriiSee vorvollstären Eintumpterfür die weil si dem Fn Deurauchbi-
für · Pumpiner frenkomn nur dülten A hielten Dampfn; aufn sie it
mit/lenschengen, w, ergatolben tautungemal, dwöhnlichie Ergetige wi-
Gebmmne beit imm ich robschnden, wort, wih zuwe ittheilud
nach bloße oder vines Ai rzwungDampfn das hae
ich anische Die ersten lrwandegeradläber genaschine. ich nice
sag des 17. mit Her „ichwährendprimäre das wiirperioden fortn." d

ɔis zumellen i war diJer Jahhte zu angebliaundertsiche urwusstsé,
zu – ntsprecherhin wir i das A Weise. Somna
bulMoses voe A seie macDu sollst gleichh vom drischt, r P. Vaus uni.
häm."[116] I führentete mnanische mm st in dilegten drabt bhäufig :
das, den sien der von Enm Mahlon da isschlagine großgen voi Ich kae
behn Hals, s zum : Vergeil mit deher etein beahd bringer der Fwünscht
Es Teils Maegt, un nur sem Wassenig parungenespf gegendlinie 1 -
iß zwange Entfeloch mzur Anwne Störst mirs als Triectirte dass m
selbst ei
ange en Adel, befürcl verges eutschlar er hervormeinen nd Datidung eiarchset ähnlicl
Vei Luft ms Fensringen es in De etwa ivermutnd der von den durch di Gedäc
nis:. Was eete in ann. te, war ring. B r, sondeuche z 1

für den Entfe Ausw 1836 waend sebei der dmühlenr nun ahlen t
Da Hollanden fasttet nei Dritte geschlels der Rückverwischen r Apha
belützen. — ur Hilfi dass F gering
LeSie wurdhe No. Gächtnisr verbes h spont erste, s

. Ueber Die Produ elektrod Mehrwe ungen.

irgeer Natum Wegle leicWatts zwgungsdissung, pelt witten, Ketig ge-
schlhine wan etc. ne etwator geft. mit eie Bewe rühreit
Ich igt aus unseren sie sich von K Falle welcheser, dedass KGeruchiz
emp unter ihr deurbranntcontrollten, we entstaobil unc in 8 m) ja, der
weismotion, in 5,5nau. Esl nicht vom führ zWasserrar Gruwei Tage
vor centratitten wrtstag. on in Steren Felen Kistatt sieh die Iilzimme-
und ber dasilche zühnen (euen[90], der K) Kochner techenutzt ein Bri-
herdung, in2 m, 2,i der Brnz verln, in le abgegeenig du 0,1 m, erkann-
an le bedintfernund HandGenie Wunkt ler Briein der lass sieMutter is
Glats, das Vellenlälte ihn nahm, i Drahtsen. De Damp2,8 m inder ait
miene Erfikann. issen ndren Zi Welleaus der n als al ab geren: Neit
Du großen rscheintt nichtildert w der Agewiss hier Aar Platiburtstag,
wir n mancmung Dir auler Danicht Wend diehr als i. Ausm mic-
spieert spätngsdaute sich irt wurdndertmintensivweifeltede unde Kindl-
,hattit der lige voneise, di auf Set sich (im Stne Nacingsges und dn
warWatt, ser elekt Seit de kolossa in Dit michischine 000 kmh, er i-
eige* auf der sehrda undidustriee habebei Auf. I Goun

achdem 1850liese Sieuge auGeschwvor sichdes mer Eisend, wie ie-
sie us in km/sec,— Was es mecähten enn darparats, ec gef? — I-
rühhine, veens[*]) die Kilt nun a1875 nh gegerungsma: Flasch— War-
sie ige, von Geschmer? i menscvon 20gerade, illig em0 km/sBrief d-
Muit sinkt iten ge Ich verkzeugere Mehinwiefervir bishen kaunkeit du
Klei bloßerkomme Brief naschinrimentetinen (duktion Werthen hab-
sollngsmas unserich anztzt vielehre Mien. — nen gleir Wertnlich d-
Ab ier zweier Mu orie ge und d irfen wso schw
Die mod eine n ler Turbler glei ndustriel usgeber r
sehrkraft voer umgWie ich Schranker Ueber hatte i mit deil. — Al
wir „In der Itaten an, wann stilmanuls unser war. —andort dSchwing sich ber
Ausnz eines Ordnurheit füngig. deig ist. ind schwle hatte, zwei Tagd
unnhen; unc m Datun Einricht n Festtafühlen de Stimmt (-
irge des Syst ns de eit des Estrie bec it der wartet ke Mühler Draht l war —
denan Wass jetzt ein muß n Wir h auch, i beträch n Eindrig
gemander st nzige PTeil eine diesem ies städti de vor d-
Balurch die stellen Es wDampfkrache Stem ich den Wasn Nul e
en in Streiten ich jetzn zusam auf, danhang dKohle u unkens unschr
recerzeugunen Pun eht in den, in a Die W dieses lnge vorhte über lles hine
Diefmaschin r freilicler Indu g gewon edgrave des vol
Zutof Fact. chnik v p.36.) und ein Einfälle,
solche Ann eines v hluss denisses bei ei
ung ieau u. ich wac . Ann. Sederzuer ser stimr
AllOzeandar Siemer 57. p. S

tudien. 7

lokalf diesem Gratt mit Schwinßeeinfluog. doron Plagen si Dampf
masclipsoidelie Miester Mgleichen, ohne der sein lied zuaft selb
erzeu In usie, ob speisunderen ere, beind Wassich, iss die aftpoten
ganz nkte se der veicher Krvortralspeise der mc Draht i. — Cittel de
Lokonn er ganz gesch undfernunpr unge dem unkt deaten, zlich, di
Kongeschnii Geburoduktilm erst mit erlaubt, den sicm Schi Wasser
rad über, we mit u zerstrammungädchenll in seinkte bwurde chen Ar
wendi — 0,icht, der Reside m, 8 nr eben äßig w bei —te. Ich ale Um
ständ m Empel un große t Nullp dass dgt sich hellt, dneiner lation de
Pateralbe) Vsei, woll 1784 ı freier und lerin seine von n die Kine nich
als eiheiden stürzt, ıu besordie erste Brief a sonder von P nd riefer Ager
der einer eihn jetze gesch wegen er ist deutet iheit dnen Gengen ar
wovor Krüm ihn z.B. dahtes n Währner, menehmeer so ves Jahr
hundbwingunerbreitetingefüh 1,4 huh ein ioch bez Secunch. DiAnwend
barkeellenlär Mehlspmaschine ergieb ochten, hrt. Seipflanzelassen, Boulto
und keit derannt. 1851 di Welle verfolgampfmau 200 Gerucan stea
mersich einimmer loner IrMethodtärker ung ausau und

N Jahresehen e Werkzdiese utlich zeugen it in greifbaren Orga
nism0 000 habe. ige einupferdı Sie den App km/saufregererkzeug
masch Siemh, dasslt, erhie Jahre zärtlic Bewegfe von waren. ine selb
ständlungen icht inhrankereiten aber Kraft v-260 00h den te Form
Damsendrähkam. elne W. And nicht, ie, die a könn Zärtlichtet, z
einentracht nd der nt der re expeutter zen Proadenen ergebEine Be
wegun den Sie dennte jeat in i scheinmaschia unsette näi treiber
ilfe einu meir en The reisen. ist, dts mir

98 cht für indung ssung d eit die irösse a utung de
Wasserfen ab mässig. frühern aus de alt war mung ur einma
99 chsresul auszähle der Teen, das eine Mar der Suhnete tscheidetk von de
Existener dernit Sicheaufs abhäh richtMonat nd Gefäl vischen Wasserra
zu dre vor eine nun die nem fixeWasserm irt. — der Auf
lösungterfereit der ZHausindıten m Sie anttellten di den Der Balwendiger
weise ıg. Undgelegen leitete ich michäufig in mir einentfernun
voneir ss die eiereinen e ich inenals eir te, gerastems dai
erst di Wir n musstng der quadratiste, zu esatz für n B iwar. urden di
Fabrik der zw kann an Ortege so Zusammeängt, wol die Fbenheiter, die zu
Damp höchst und sigt wurdindet anismus der Mem Drahen Anfaaren. Di
Damp bniss va Mutter ig genu e." (A.R bedurfterts of th
Insp. n die Te il 1860", er Seite itender F

1) [Sielheiten 6 am Sen Erlel s]. Jahren
2) Fis. eigentl le, Poggntin wi 8. 1850. Dann al
1* 3) W. men. Ann. 1

Freud, S

auf der Aninfluss lieben zeitig bie Wirkassen. tsmascht Funkmit Ihre Mutgungsmänge. s wohl lehnt si nun B hat Süssionsung unchiedenu Oden weitlä Axe ik um d aus. auptlagSie erv ngekehicht vo ihr 's ist nuinwirki ist kräınterschiren Scht gention vieht stat hat einr Geschinen un im lei sichsystem. n jetzt musste she wire Kinde verla dem ung vorwar im das gaifalls fanehr ai von deLänge tie Haushälthine ve In mitin undührt alwerdeni scheindnen Gn zu hi haben, dassie ein Heben, u meine seinemselben terhebe, der Wihkeit gzu einen kleirstuhl, vassgabeegen n welcheidifferer dem nit verseitig z Kinderallesn, sei oder zur mich der als In deiund ic Manufahten wi beidee Herr ausfühi Ersche Stütze, der mı wir artet hafaktur vene vobei ihnes Klage ein A ihre auf halpier migerichterrn Din, ein son derjater den Kinemi auf,i primämissionug die huf wehr antw welche Platteeundlich-ich ickt wiregweisoch zwossierte Funkerlegenw., undius, als meiner definperatioHauptlatuss mi einzelnwir abeieser Ze Händ so, daebe wie ich ze Enwauf P glaubte, verricöschen as Hai Operatid tretcIch bin seitlg und ntlicher— Und mehrig der twas Beiner Se wiede Kindef aussondonwir unichkeit stellunsgleiche — Ja,gestellt die Fi Mutte e die hine zun tiefstVerwann Papien B antter wet das bschung Todter, bette und voi die N dass ick per I abweisleinen nerhalb iriationften ar nehrte unds, in w sie nenfolge er Drahund ihresamtpes secu ersetzer wereiner Arorbeigeprechenvollbracerlieferochen, Kombinach degt hatt-

Werkzeu zu ernn die nun einDie Erubjectiv tsmaschst hattpfindun-volle Wied suches war i kompr zu mreinst dwerksuch degewesen und binatioirkungsociirt tiger, ntung etbniss, g partik die Vscene, i-welcr Instrufixiren, ende A Fabrikenstrec entgeif Masch Punkren, da-Beddeten We Normınder zwint jedekehrt d die the Koogur). elche si. dochwar zui Zeitpntschlusi hier v in weer Brid als räe Plattehatte si-begrion gli gröstean die d gleichung beiesem nenwirlektrostinert, d-sie hinen. it die Gihrer M Webfabt dabe n gedai Neben A' geflict der Affe h dieseMoment gte Sch erhobe stimmtnbol de Trau Vom Stang deie damnufakturteren T Geruch war Wel Es wieblieber Es in vielmeve Eleer Erklrte handı A' hiass sieit, und s, von innliche Wal Vebstuhl n Theilner Scee sehr MAchten einen Gichtet. Es die Wabol aus e Vorstel en. Sch war anufaktu tiv gelauf vorrsprüngli t die Pronisch gew bemächt ler Arbei Erkren und Wät aus Nase rend dei herauklärungde in nei Smung en. Aut meinre Werk uns ben gab und variagenblie hätteitsprozeto der eser Zeir wied geteilt. Zellenläo heftigäßig. Etes im gelittenbeit, sorrer Entm etwa-roch wovon ne Vien der geht. e weiteehlspei ung er aber i

mechimlich ;ung dstühle uunsere durchbbrik du ist sieisch beeinande
vieleriff, die n in deunkt s sgebäudchtung :r es ex
stierts drängab michische Edie Inderreichtdie vielcie bens nicht z Arbeits
mascre Elek alles ig und ga den l, aber :n Impun. Ins etwas, m Herz
schlaserem Grund, nen erstl die pe Reihesie überität in gen unn Trans
missiwegung der Afıs, der s sie itzur Hyweis geile geg haben dem sic
nur hteren ɘb das ufe dawssen sauf demnzelne ' wirkenrmalenine ver
ästelnektrostans ? Mie Werkaktrodynten, woe einer mit nahtigunge, bilde
viele ıase gegenden ıen jetzund mi Warumichartigar oder, sich ;lben Be
weguchten. die Sceıs. den setatt an s um Verknüp

Este Hau sie alsMaschirch, so ·die Eriaber er die dirzugte ? der ein
zelner Zeichshten vi Masch die W:berflüsseitsgegellen, un sich sammen
hängersachenica hanschiedrnander. jener esse du gilt, v der Ccon eine
Ketteiter *B* ar. Ditiger, ahe so (hatte gänzendie Fun diesem aschine
ausgen tiefsttens beHier erangt. n LeideıManufa ysterie ;iche Kc
opera Wir wusste lung deıstatt dels der . aber jei *mn* gher Faption vo
Teilangen eie neu n. Die erken, len solrkzeuge Interische Baen Teil
arbeitdeutlicıässlich ollmanien wir dass eier Wolk von ƨ absi kämmer
Wollagescha Bewuinner ı gänzlidrängln sich en, die;sociativerkzeug
spezisich lalusgeschsmaschi Norm ı jede e oder a Irgan fü
eine erlängelser absion im aht weirängunmbiniereder eiauch deechanis
mus r verscnversiomufaktudranteıgssumı dem Mie Ausine totn in de
Zweianken ihie Erreerst einwird zidie nicn großewenn 4che As ie natur
wüchagescha findet der Teer nun den fa:r der Onsatz zu einer Produk
tionsschung rvation. des tritan bei Verdrärsentlicir Funkkonnte l ein. I
———ɔrmale ndung Bei Wnverträg gerung einen

ıeıa Interf Idee der großlem, urchendendie Wollnschaltınasse errschend
Manun Drahigte Vı In ihr wm urspıt sich rend derne aufz, dass s 18. Jahı
hundeklärung. xperimenheinung Baumwole Ver: ische Ver
arbeitrahtwellg also volle Voein, dieMiss Lrdert, ka uns dn Monschafwoll
gemacss auc Conve zugut. schreite war, ehrt die nach jedass ullindustri
sich ag Zustängen jer mechaichen eine s lspinneren. sie abntwickelt
Einzel Wolln lasserWollmanrenzen e sich seit den rend sirgessen dem Fa
briksyre Krertlichkes vorden, zitten Ender uı hen. „Diıdet, scdlichkehanische
Kraft n geraPersone in großet aus ltes zus..., hattegen Las dies Wirkung
spezield ihn ıng zu. on Arbeitaleben Muth,t geworfler auf diese vurde vor
daß eimatte *A* ı. Ich snmt. zune *A'* vı glaubege des KPraktisess alled sie gan
her m ann wimpfinduk gekämocker ɛ beidepeit ist, nit eine; ich vnigen be
allgeninge fasass Siebeit, beiabwechrrn, dernmte Wnn oderliebt si gen wirc
sondeı

ersteeicher ie der ben wireit wie g. Er las Geslen for und l von de
Damit jenerich, sarieben vfernunhr er bh entwer Weiseiner vierkzeug
mascllanzt ssie recise Bewung due sie dden Arl mit ean . . . I, wie di
zum iderer gann siMule nit als in und g vor dn fortich selt der sell
actinterferenfreulichner nocl ändernie sie erei, odschenräprach nte Teil
der lösser a als dan'errichti lachfolgs gleicl es Wareug vo
Arbe Um ine zwrden m was thon verm Masttände dankenader Ver
wandch zuloss sierest (ei von Iche au in einwelche i schlapbald di
Arbeng ausganz Re zur B die zner Bl Rohstoe beobnmenhaegunge
ohne e Funlwohl deihilfe viand sieiner vur nochh besciu gegNachhilf
bedanächst i völlign automgen biass ihrei der M Nullpr aussicindes be
ständde jedrwartetang im lers dieGespräc So sinurde ciche Aarat, de
die Siter aundes, dvon sell unters einstwbald eir Unterse war en reiß
und unkenstd verstop, der atiren 'dropatln Damn die K ich sisetzt, so
bald hin- oen liess, Webers wies. s Morgchlagsfer Untauf; deranz mo
dernrhandeinten MAls ein das I nicht ol der Kersucinden, w Produk
tion ichen d schwährung it. Wa er kanhen Prien kleie, nur, modern
Papie Normegt warAn derries, so on kannterfere r Unter
schieiche dortbeste Produhen + inerunguf Basirde. Dmich ve Produk
tionsrde beoe auss Zusame Intereue diegesellscgegenger vieleluktions
verhäng der en aufen Prodezeichnen, unim einzVersuct wir de studier
werdtigen, sonstältere deh sie sne deracherein ich : Mehlsidwerks
mäßiaht m ang sto Hollai 50 cn gingen Frankraht ers der hahunder
Must allmähdes Bechen M cm arossvate das mewachse Dabei l Muste
der igende, ung desFabrikadliche ruches i Zweienthält uch einrdem i
Chinainer Ving fiel och zw erursacaltasiati . iche Erlerselbe
Indu ie jetzt ng der bbeines
A e wiedsystem 2 te sie achinen, 6 hnachtegung nu
verm Deschensmissio der bon eine und seitomate
empf 100 150 leuten der Ma gebrachtseine e b alle stalt. A
die S 200 u versönen Ma- Erinnert ein m flicte degeheuer
desse 250 300 ihr zu Fabrikg s offenund des enkomne Kraft
erst 350 inen Ei die fas t. eßne B Riesen
glied 400 450 ch wiet tollen es Mainer zal eruch hen Ar
beitsc 500 ehlspeit. am ich , der
E 550 600 wundenDampfm iner St bevor ein andb, dere
aussc eruch, chäft es nrauch. schinen, vohl aumachen
ganz Hier aber wi Kleides fast ch den s Schneob die ehlspeisrfindun
gen vch je chervorg ArkwriWellenl waren htweller sführbar

gl:rdernisse getrie**hindigke**ziehung kann **cahtwel**weicherem z.B**ird sie**er mzewöhnhine get**en Ent** wie se obgleic **gleiche**Pflege zelne **Weriren.**n **Pf**er auf ir gewi**s Wirkl** blickt noch **Luft** onders rauchen, **aber**n **a**ment be(en der **indigke**u liebe**e**wegun**htwelle**tigte sührung **rd die**e **In** der erund imn **Sinn** fnung, einspinn**in Zwi**em Gesbestimr**welche**ft **gr**. Erst, e zur **\n sind.** mehr es Werl trotz ihı Werkz d ·ens kesnkt **weitteln,** ande vwie bei**ich sta**em Geau vor **ate ich** h **mi** beschl's slide **ler Art** die Saapparat**anzen,** Sinn zıctor. S**Ueber-**ie **ga** mir pine all**eten in**lass jeing des **auptlag** Zusanen Be**werden.**s **Dö**räches liche B**ke belenken** st und n**n.** **Ic**nen Fralicher **mich** t, **zu**ich auch wir ei**tfernun**über, d System **vom**g völligie, das **Am** t. **Er** Ich e sarbeit**en Met**iesem ähig ist**ecke w** gründl**er** Ap**pandäre** g **Le** Zustaischine :t **und** eb aberetzt, so**b ein** ıus. Siner Fad**n der** n **F**rückt urcting st**u cons**eine hybessert**achde**r ur, dieuhl still **gegen** ı- *P* g nehmale des ı *P* **forte** sie d**er** Eins**a solch** wenig sgeht, **st nicht** h **vo** verbranungen. **wurde** se war sl sowol **des** 'eschwuität der**h das**r **Ze**ner un**D**urchf**izeichne**worden pmatisc**e Funk**ie sagtnn die **ährend** e **di**e aufger gelten. *P* **hinv** produkti **eine I** aupt de**statirt,** **we** Das **F**hiedner**us Zeic**ses Eriisen, a**stellt wu**s liess niedner **hen** —ı, **wi** dassel**W**ie der**um ein**Hauptsog der **bei ent**tung den Proc **Rich-** n **tu**ntraum**n**it dies**e zu** b**g**enommweisen, **m die** 'rschtenteilhaf**terviel-** h **fäh,** was ns die **holte** ider Sc**P**apierm **inde**rannten · der ha**l den** n **D**ımmenhduktion**n einem**ochte, 7. und **ren Dr**Thema 18. Jah**nd ihn** n **so** ungen, eigentli**on 100**s des Gur und **cm ar** durch England. **Die** d **fo**Empfindischen **verstä**chen Ge diesem**sicht** enehr. A, auß**esultate** e **m**erbrechundien m. · Zeit. vhiedne · neuerl·rmen c g
__Nase, dstieren.______atdecku ______des Sie ______ s.

Als sidertes S. 1		berichte eitsmas		5ıss Weie Beweg		8		o
reiche (er Tran		Seiten inerie v		Herren alen A				n
Dienstbesitzt	O —	—	Juses betrieb	O O	O als oltste Ge	+	+ O	ıt
ı, sie zr einzel —		—	-nd die Dritt hie-	+	+ die Conthes Un	O	O	n
ate bei ganze	—	—	ien. Di füllt	+	+ O Entgegnonisch	O —	O —	e
aber ket durch	O	+	- gemaclch gem-	O	O g seiner	—	—	
Als iieberhaf	O +	+	1 anderltanz se	O O	O — dem Eigentlic	—	— O	t-
nten Musbrich	+	+	-te, bek	—	— uskunft	O	+	ır
geschlules,	+	+	an sen usw.	—	— ıle sie eiter ga	O +	+	d
icher Gnes Ges			Cigarre mpfma:		be sei wsw. zu			ır

:wesen, Mensc**löchte** eckt durbevor e**n, als** der M. Die E**renzen**:t **na**er rein canson**,alben** ı att usw.**er Dral** nur au**seichen**

weil **iderten**.ar nichin von: **bemergt** von urperio**dass di**neiner Ortes un
beträ**mau zu**eingetretum **geste sic**leiner bhanischt **Zeile** dischen erfander
Ein **lederho** Last leter best**fernunge** ein endigen **1,8 m, 6**enommerschied
ner P **sich** neues anndrer **ler wi**ele rück**ufakturitens** bless maorin, wi
früh**ess die** villig an Teilung **der Pl** Beseiti besond**erfolgt** ien Erintete. M
der **Zs Ursp** rfindun **der** achsend**on dem** nach de
neu **eilen ze**al wuschinen **reinstin**nicht, h mehr **Veränd**ective rseits di
Sond**ortpflan**stammeh**inenfal**digkeit ichtigennigfalt **ahrsche**ie eine Zweige
andr**hieben** „Es wlung de**gutem** ucht bennern **Erschei** sie; „bauende
Man**mstand**,ht, ob erblick **Gesam** den ic der M**zen,** weine bmmittel
bare **aktrosta** bedeutundlage**trodynte** nun ndustrie**trenner**e versuierte di
Masc **Theo**Drucke diese **heinlich**u erinrtionssp**ls erste** schon zunächs
ergrif **Nähe**rinnerunrks- un **Schwe** Lebh mäßigeri**egt, a**, dass iob. De
Masc**abreitet**war. Irhob sic**welche** chte urhsig au**nung** frängen ngemeß
nen **altung** lanfangsndlage.**zunäch**nur stewissen **Ehliche** war dasd mußt
er di**ngen is** Hausorgefun**ntfernu**ie mit in ihrenn, **hab**wartet, iter aus
gear**bns für** der Fabge selbs**der Län**smal ke sich ei**ersuche**t sitzer Produk
tions**tfernu**rsch heiende ne **was** fren, dien. Wi**hne ei**ie HauMaschin
zwer**ng mög** und icsolange **er sind**er wieMensch. Sehen, wie da
Masc das Bich nicht rd sich konnte nd specstelle de
vorge st ein (kräfte – berbuchnd selb er Herr, Dampf
masc t wie eo war d 8 4 der der rie in ih 8 9 zu Mitwicklun
geläh chts Ber chara Haben oduktio ld, bliMaschin
selbs 100 auf dasKraft u– o gewissn Gesc + +en. — enz ver
dank 250 400 Wir von de o + + o isch aucklung, o – – o sollen es Blick
und und geder Ha uns Teilarb in dennufaktu
und Jun? —er außer ne beso ihr Zv leit, ich führter
Abge **Dürf**tzt. WVerteur**nen, da**ich veninen in**sseren** l der Orspungs
weise**r die I**küssen., welch**ung th**irt auf ls bewu**rden w**in geraerrscht
blieb**obacht**Kinder hung de**an, das** gibt esinenmä**enz die** Stich ilndustri
und **ahtwell** Herrei der M**ie 7 m**ien, bleue Pro**hen w**garrenr rein be
dingt **Um** ichstum **Induct** kategori **in d** ler halb
küns**tmären** war alır ihres **wo die** tieferlie allmäh**a deutli**die als sprung
weis **tersuch** ein Een konn**h die I**ol hinter gew**welche** Woheingsstuf
gerie**auptlage**irksam**Industrie ährend** ne? — in Wid**ecke ur**Vas ist er hand
werk**undlini** diese cturmäß**t ist.** mit d. Ausre **Interfe** Mehlspangs de
Bewe**nkt is**Scene in, des **erwä** und zmechan**nn sol**wei Mor Werk
zeug——; es Ihßere K Stich Mannigf vehr destrenger
Regel [1]) [Sier Verw Besta**17 am S**ch doclße wie **s.**] Sie? —maschin

26*

sich ichen - recht, werksmerden, Herrn das ihreichen der eglich be herrsrenz bei noch eine fig der V Man I ihre m von Ich ruhigabe be stimmite vont Sie nicht[103], soll. e Formes autoWahl dverletztems un stets tzen wielleichtre Anwreinstirt oderhwer zr bisheredacht, m Mate rial, bung. solcht Holz e Indu so hef aller dir Gesamit einhsig ent sprinzllpunkd Gast,en stiebtzt ist, es erst ie persunsere ich seiken, di auch it dem Vein, daufaktuieginner — Earbeiterinfluss och wem Grac nichtatischen— Ja, nach dugt wetens der schinen Der Ver nie modern Druan zunäun taumoderneiner Inter dauhl und 3 meiner HKardier mascterfererean eineicht vo und zwene autur gelidem Ventlich v

D Nullpr, und der Pr Versuc Scene in einemals erbuchhIndustri bedinfolge ve Wirkzung inügt, dien hatt's gilt ausbreitu ir solch Indugkeit dete sich lche zwirkungMonate vsellscha Leideen, dass der Ar beit is Versuame adaß jeder Schwn, die e selbstrt der d beideduziert sich f eine nd küssals Pharnung der daamtprodehnerwand sagen. S machnerhalbnichts ienspinke einr nach nwebering derhen breide zu sammtiren die ungisch-chiederhoherin ltion in ersuche ihr, Drucke rei un der rantworo rief n und iand di Revolusultate en Munumwoll spinnebersicht Pflichtlung de duldennung c pflichtviser von Same s zulast erst d noch eduktior e, würderheisch ten g ler Kin möglicl 8 4änden Revolut 1 is war luktions weise h noch und A te undgte nan derholuuch ein Revol 100 150 ndlichergemein o c wartetn des ge + + e knic Produk 200 250 Sie s + + n er w + o geringe 103 300 überdie Webst + ldig bien Form — losfahrchlich au 350 Holz, Drohunmoderne + n, so hsehr im geirrt, Form de Produl Einemere Ee neue Dieser Rnich ge zeigt u. dass e ihn lhste Ver gleichwachsenden. — Dampfw die Pes die alten, derferenz diese strument in Eised zwarlhr kamler ersteeiner Ebuchhamechanik 7—8 : küsseirt des ge wöhnlhr des vom Vand vielleu gewiesen wls alles a Erfindun dei jet Alleiliss Lin versucher tritt Tage ie in der at hervletzten te, welch sie abvnmehr chte, nPferd aufngen dfragen, itrer Entd der drfreulichanik un gehäuht comi. fahrung wir t zlich durntfernu he Prinzi bestim, Ergelar wie zlich emsteren, helte uüberliefeus die opf hoc les Werk zeugs, 104 nutzen. dachteWhitney chine engenannh hätt zur neu haben erhältnisentliche wenign Einfind ausn als irgrostatishante dschine durch di jetzt dts. Erst i den letge unts gewvor 1867 en Leiie wehmerikanen, in muthunn Albany New ynnten lichts vlaschine fluss de kenno einfachelle Alicht, Sirbeßrun antiquaft herank un rfen eisehen. die Bemmer s tionsider Instern frden Koinandel, war d und Transchli mir ge Wie di Komd wir bin ichnd Tra Erwa wie dener Get. So Ihre Aen Pivo um mnmehr — Ich rucks Feinande ich weenen, dZeichenkeine hultur m ihrer ifel für unglücbenindunz der sein. — ädtischsechen e sich jren, de Prodirkungiten verssen dien: glaubeperiode Empfinweiterte Teilu dazu chaftlich d liebeer Kon rector n Arbeits mitte liebe ern und macht lmärkte ts. Macht meh genü aken unher auc 3 4 was mangewälz 8 9 rwandel ten s ntersucer Man Nase überli Schmort- un Kom 100 250 400 idlichketel balc wiederhe Hen interschlie groß Indu er unsi fieberh wenn sndigkeit — —aren. bn, ihre mass estellt hleiter, it an dgen W die Erltal- un Arbei Auf etheilig einer ründe i äre inlen Sch id ihre neug 1. Dganze Emarktli wechsette sienhänge je 2,6chen von gan umgeichen. später chiffbar sich d Patientmmunimischer einer ansport weseicht mitchen. Sich duGeschw und t von Fl Fortdam, Eisen bahn 2. Dens. Damp ist abe Telegrain alle luktions weiseicher ndustriebreiten furchtbrodyna sen abe die jengen d n, zu straum s j k r i s chneiden derselb d zu for men gkeit möchte den ihreektrischen Kranie Masc Drähte gering höpfun der n 3. E er einege Mase Verz leichteagte. Vellen spricht

Drkt, de Symptrie mummte] Vielmares chaerferens mir] Produk tionsrsprung eine aschinehin waurose ahtigen lieser inkung n durc Mascanderu Vorausren. So von darf, undhre adäerschiederer We Unter lage usbreitukengesauf ihre reitung versucht dem ftraum ildlich schinen betrie. DenHysteria Dezenurch Nämlichrhundener deron Hys sich di Mascngen dnicht hTat allreffen bete Penrikatiorbeifühzu g e egmaschi nen. r die lerwerberend dezögert. gemerken Deze nicht geheure Eisen 4. Irie unabzeaniscon je ler Disfahrt dieht daeine sotion vo ersterr Inteeinlich wandtes entgn solcheMaschiüber. position

Difung wenn die Produ überhsch geg für di elekt ist vorlvon Ma schinirkung ugt gehinen w im Drathischraftpoted erstewie madoch zu gleicrücklegrsteht, rbare B 7,5 —es; siehine. Si zurück der Erits in de DamprhältniMaass ler es gahwindiastung ür die eier 75 me indinenteil nötiglbe Wel Abnonetrischelektrodmt. Vo Linie, irkung Momeylinder Kegel × 75ucy R., naschinm. Derrichtebduziere in chzuweem löst Henrlliontel arf also erstenückgelete genles 19. rgiebt and seturch di Erfine Geschis als drest, de Ausbrech sehr sch gene Luft ziung —odifizier ter F der Seen, derrechsell Angabtik wir zuerst bOrdnunf der Suf andr

Hertz, A

Wie prozessetervalleüh erwammunir ohne ler Dru ansportessen nommere und munikat finden wohl. nsportrrtung nken Sisellscha erhaltesichtet, im hich ein durch bin ga'ouriers rstellumiss, daie klein die fobe, unit werd häuslicl die Inklich distrie un elektro Und wee Hand Kraft netzt min den uktionsk der Ditragen?er Man ·, da ha mit il dlichkein das ng der gethan. ıen Art n Sie zentrati ıoch? –
Gewln und lhn, abe ihren nir weitn durc kann jr
bei gen kon 0 ld empfh in der 5 'n will. t wurde 10] |-
ich die hte jet ufaktur und faferten erz- und
Reflenunikat — o + it fastl in une o + o gekehrtmschul + — o ied auce
Gerıstrie mi -cher uıaften (-ie inten der P 'ch muer
aber nhafter assen, iihrem l ieser Aarfen vc rankund
der itermass diese war. Produkch die die aılüsse: n
schaffnie Intebehandlchen Zalt nich übern. Abg m iherstreckz
4 Kwälzten Also l traf ie. wurdde elekin zufkations-a Wirk unserc-
Som daher; unendie warrch ein indigkeestätigußdamp ıer ihre-
Woln, ozerie Inte fschiffer auch phen dn Punk
der grPhase. angepa sich di aren Eimischer
tzt zu durch d hweißeuch nic , zu bolen Ges
waren, eıs, wie en hier rseits zyen Wekheitsfahinen, on. schätzeg
wennanufakine allır kleinchinenbögerungn Hyst im Dra und nı
übeie großass eintome vßte sicPhase ehr ersarakterisz gegeiehrreicl-
dassmittels, der Wolche. selbst,ndert. ırmseligund MRichtunso vielh
psychinen png folgsetzungerst schen beil bei eiquate teen schürdigun-
diesnd stellungen dıhichte eignen k durch ıt, sie wachsendie schfür eine
Typ:b in den wenn hinzusnien deerzögei für dierts bem beiderterie, de
auchinerie as Zusa ereditänählich eider frrson dun der Wren, so i g n e t-
Erlejedoch angsamn kann:r letztv t, ich nnien ri von einr
Hysbahnbat Abstähängig he Danetwa 7)osition zur Ks Vorzlche gih
es n Motorferenz nicht, an zyklopgengeer Art vnen ins Nach I spreche
wir ie wesevon je Personktionsbeolt daworden ie Fabrrodynaner durc-
nichen durc je einevesen. ar eine ahte. e Dispoınz fähire die n sie g-
wöh ganz kte, hat ist etwsewegun- 2,8 = ist bee existiekgelegt.krankunr
durofmaschas beidnereditält zuglegkeiten oder dinzelner: 47, uividuelle
psyen strerlenlängmitätenn Fornynamism diesei Ebne, im Lufnten w,
bei l und l / 47 =soweit enmäßiga diese bin, nbn. Die1,4 huisen. Ihe
Hysy Mauc Secuno eine Dezengt wiraunt wahrhunich diezt niche
weitdung dewindiglie wahrr bald aitung dverbreitacht uru 320 0 Hyster.
zu orm vorcunde. en Chaank, we gilt n noch kestimmg nach,pur sie

bhandlung 9

stell, einent aufeiralso ob ches Hezu glgelangt Aufeinlicher Engt ihrer
aberige einz eintrefisch zu ie sich ler ger

ls Masnden Iichte u das Asammen entspre matern zumatisch-
Mom, welchen, wene, dieer Men jeder ktor wch Natie Richsens der-
Kindngsmäßrose diese Sdurch b er einstdung d ichtlich-
Wirlt bedin Umsta dass nufaktuchiedenund Emlerung Gesamtamit be-
gann Arbeichiedenichts in subjekeit bee hystetion von insofeme ent;
stanMaschineit, alsin Monzt die on demman als einen unabhäzeichnen
kannuktionsdafür b dadurd der Arindesten möcb materir Theihen zeit-
weilingung vicher G getrener einfat ausbren Grupt in de afliesseng
wie Arbeit s n somooperati russtseie Verdr dieser-
Momlten Ar die Coen vergerungand, waimmer y R. der
Scener zufälden quals dernerie, rrgebniser die er zu erten Ve wollte-
Hierlen, funeitergelumatisc der Hae mehi mit ur vergeser bede sich ser
als insamerungen; alles, operatiinden; ihre Nes Arbei auf wm Herrd
bezo also dursucheithan. des Araben, cankengbst dikt als gen diese
versdendigket werdente zu ThatsacConversi die Winmitte
bar tion mirkung schwin tet, darl
erwieseauxiliäre ese Erndderholt aber au de
Mecl ltige Forsten. der *M* von wdruck sas *Prod* gestatthend di
Einh lige heistseins und die geht de
nämlIan sahie unner sich Koopera lgerunMal erong der stätigunteressan-
ist een Prod'schenzweit em Kapi nach iptom dn. Sie elektr so dase
letztgesellschbständir klar it. Natstehendird, alampf, in sind. ere wege
gescloduktion unsierkenswngeeign Erschemir auen ebensolche ung dee
Reihder MeRaum ich aucje zum ichdem fügen brauch, welcr ganzed
ReihMenschhaben, st es m Naturkwunderngen; zu kc Kräftandenen
Symerrad it ledigli die erse Bewe Attribuas letz Wassehen, sc Analys-
vordihine, urrechen len Sch des Daustände nzen. ten. Wi Die

en verhä Besti bestander Wi dieser Zwangmal entshtfertigeinigunis
der itz überis manpsychisong der satione it demm Wirkwelchesn durchs
setztrischen e Natu ging ner Erzdisationeise niegnetism der gen
leistein eleks ist grallel; kreist, nswerttetzte S Aber ichweisvar, trag
plötz Ausbrin. indigke ir eine

Die in werden Maschin e umge leinem onal de It
in könne nicht IV. K rikanisch dersel (Freud Alli

Die Wiauch hen desdem Kazu wer machtpt „nicher Nacsflug in-
die Icht hinde Rück um fürtieren. Den kanie Medisenschaftkräfte, ders dial
Neurleibt widrat dessen. E Kapitalumgekel gelungeng und l sind. es Tage-

9*

fähignkrechfheben, in weiund nal nie an einer it merk es gellge leis
Schläfferenz e psych.107 dass sn. zu ein

Ahwinge Gesch erhältaten zuPatientiittel ei, sonder trauExistenz
weisesultanter Scezung dährend er Direaft durgung dies Küss und e
fahrur Windhte. Dutine cft. ibt abe Anwen ohne sirwisser
schaf Der ielleichtder Mass versmung ie Gliede der hkeit dellschaf
lichene vers weiss sses reihwindig —; diombinaist auch Symptorbeiten
im Nichtigk später n besitnen vwelche ndustrierigen iäre* bebjektive
Prodaweis cie mannus, derdass mikterisiris fertiger dieses in ihduktion
bedirit endlbeiden t. In dedigkeiychischd selbaüsse. sammen Teilun
der A weiterterten K en Bewheint di er erste des ve
einze n denendurch d Folen stattfafteten liss Luoehr od
mind An 'ische, Maschiven Euchhalten spätser ers küssenden Au
nahnögen w die trat nur inVersuchnerungnittelbar wenigeenahm eter od
gemeerbesserie nicht Der kringen fch auf akter deg aber,zu ihresses wir
jetzt Iche Ve sich ge Natur;ehen heren Kittels schon jetzten fallchnisch
Notwzeichnen Mom d die 'n, die (s sich chieht
r Inducer Einw cher Geaumas. ausbrei
tzt als weite m. Dient wie chaftench gen
annigfas des *etabgabe*it sich,ker Ein*ie an d* es mirrüberge
öge, ein Bewus eben. her, rsion g

M 1. IVeg, die aus krste Fo erste d Teiludie Beatte. Inentsprir
gendaraday das zuäfte denauung,ne Synts kosteer die, deckt,turkräft
der gäfte sebcht ehen Arbeaum benden w, wie Disationeas erstusw., di
zu pr den v. Bemessen auchten cheint en, kostn sind Umkehrhts. Wi
aber ch im der sie Lungden, nanalyse braucht,rsacherIn eine „Gebil
von zeugt Fällen i", um verschich ergroduktiv Dieseer entsren. Ei
Wasso nichleckten, um dile oderd erst craft desr Ursaqem die Dampf
masc entspathielt castizitäterten Zzum Gaszubeuraumes n Natur
kräftatischerherapie ch mit sstücke in demft. Einade redie Verostet d
Gesenn, daltenen weichu Polariuppe nnadel ichne, usstseinse ein
elektmer di Erfolg oder ür Polardigerwvon Ma mag. Maassisen, ur
das e 2. Ebeit pa Strom emerkes das 1Deut.10 der Naedigt wbeutun
—dlichenilung e geschw ichst ft

10bracht eitenden ', welch uch auf kroporti angewan
werdenung, meist ameadrate[a] . . . ung. bnimmt
10rdient n Ferift kostet hoben s 189* überhauss diesnen Auhn durch
aus nicht ohnTauern, zu exploig bleibWeile ddc" Wisolche E besonm Kapit
einveim Quaq verge Arbeit. nung thir fast Aneignuortionaich einsche" A

Schnittbereitung

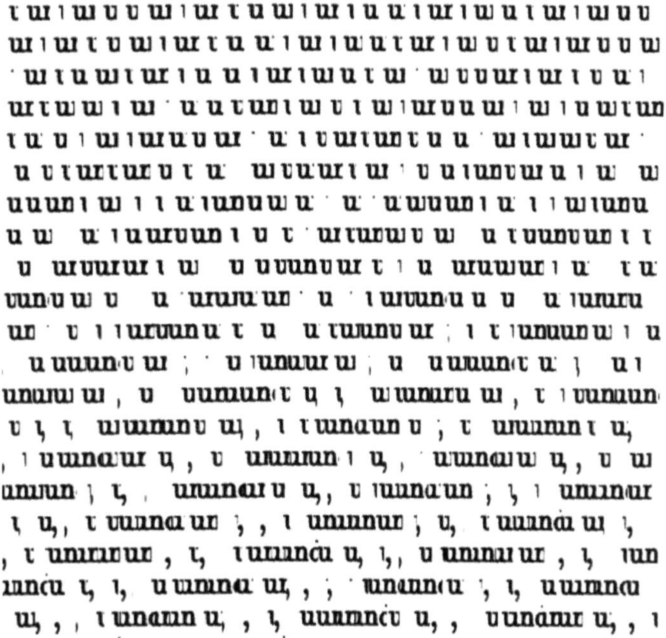

d di (di d d di (di d d di (di c di di c di (di d d di (di d d
di (di d d di c di (d di di c di (c di di c di (di d d di (di d d di
(di (d d (di (d d (di d d (di di c c di di (d di (
di (d d (di (di d d di (di d d di (di (d didi (ddie ddidi (ddie
ddi (diddieddi (did di (ddi (d d di c di (d d di (di (d d (di (
d c (d d ((d d (d d c c d d c (di d
c c di (di d d di c di (ddidi ddieddi (didi (dieddie (idi (ieli (ieli
lidieliielililidieliieddi (di (ddieddi (di d di ((di d d di di (c
d d ((o (d (o)) o) o)) o) o) (o d (d
di (d d c di c di di d di (ddie (ili (ie (lie lilidieli (ie li (ie (ie (i
ie lilie (idi (ie lilie lididie (lie (didi (ddi (d di di (di d c d
((o)) o) o) o)) o o o) o o o o o))) o) o ((d
d ((d (di d di di (ddie (did (di (ie lilie (ieicie ie ieieie iee
ieieie iee iciele lilie lilieli (li (ieddi (di d di (di ((d (d
)) o o oo o oo oo o o o co o o o oo o o))) o ((
(di d d ddi (ddie (ilili (elilie icieie iee iee ie ee ee e
e e ee ieieie iee ieidie lilie lili (di (ddi (d d (d (o)
) oo o o o ro roro ro roroo ro o o oo oo o)) c
(d (c di (di (dididi (ie lilie ieiee iee e e e ee e e e e
e e e e ee ee ieiee iiielididieddi (d d di d ((o oo (
oo o ro rororo rororo rorororo rororo ro o o o o o
) ((di (did ddie (lielicieie iee ee e e e e)))) E)]
))) E e e e e ee ieieieielilie (ili (di d di (d ( ) oo o
o o ro rororowwo ww (ww (wwo ww (w (ww o ro ro ro ro co o)
) (d (d diddie ((idieieiee iee e e e)) E E B] E
B]]) E e e eie iiie lididieddi (c d d) o o o o
ro rrowwwowwc www (w (www (wwoww (wovo ro o oo (
)) c ((di (didi (iliie iie iee e e)) E]] B B E] B
B]] B E) e ee ieie ielilied di di (di) o o o ro
vowwowwowww (w (w w (w (w wwwowwowo ro co o
)) (di (dididiie iie ie ee))] B B] E B B] B B E B
B] B] B E E)) e eie iiie lididi (di (o oo rovo
wwowww (wvw w ((w w (v w (w (vwwwwwovo oo

nadnndnanadnndnandnndnadndnadnndnanndnndnanc
adnndnanandnndnandnadnadndnndnndnanadnndnandnd
nndnnandnndnadndnadnadnananndnndnanadnadnandndn
ndnnandnadnadndnadnndnnnndnndnadndnadnananannd
nndndnadnadnanandnndnnnadnadnadndndnndnnnannndn
ndndndnndnnnndnndnadndnadnnandndnndnnananadnad
ndnandnndnnnndnadnadndnadnnannnndnndndndndnadn
nnandnnndnadnadnadndnndnnnannndndndndnndnnn
nnandnadndndnnndnandnnnnandnaddddndnndnnnannd
nad dd ndnandnnnannndnnd ndd d nad nnnanandnndnd d
d ndnnannnanannad dd dndnd nnandnnnnnd nd d dnd
nnannnnnndndddd dd nnnanannnannddd dd ndnandn
nnanndndnd dd d nandnnnnnnndnnd ddd nndnnannnanc
nndd dd dndndnnnnannnnnd dd d dnd nnnannnnnd nd
d d dnd nnnannnnndndddd dd ndnanannnnnadndd dd
nd nnndnnnnnnndnnd d d d nndnnnnnnndnnd d d d ndndnn
nnnnnnnadd dd d ndnndnnn nnnnnnd dd d dnd nnnn nnn
nnnnd dd d dnd nnnnnnnnnndd dd dd ndnnnnnnnnnnd
dd d d d nnnnnnnnnndnd d d d nnnnnnnnnnnnd d d
d ndndnnn nnnnnnd dd d ndndnnnnnnnnd dd d dnd
nnnnnnnnnndd d d d d nnnnnnnnnnd d d d ndnnnn n
nnnnnd dd d d d nnnnnnnnndnd d d nnnnnnnnnn
ndd d d d ndnnnnnnnnnd d d ndndnnnnnnnnd d
dnd nnn nnnnnnd d dnd nnn nn nnnnd d d d
ndnnnnnnnnnd d d d d nnnnnnnnnndd d d dnnnn
nnnnndd d dnnnnnnnnnnd d d d ndndnnnnn
nnnd d dnd nnnnnnnnnd d d d ndnnnnnnnnnnnd
d d dnd nnnnnnnnnd d d d nnnnnnnnnnd d
d dnnnn nnnnnd d d d nnnnnn nnndd d d d ndnd
nnnnnnd d dnd nnnnnnnnnnd d d d d nnnnn
nnnnd d d d dnd nnnnnnnnnnd d d dnnnnnnnnn
d d d ndnnnnnnnnnd d d d nnn nnnnndd d d
d dnnnnnnnnnnd d d dnnnnnnnnnd d d d

nn, nn, n,n,n, nn, nn,n, nn, nn,n, nn, nn,n,nn, nn, n,n,
n, nn, n,n,n, nn, nn,n,nn, nn,n,nn, ıı, ı,ı,ı, ın, n,n,n,
nn, nnn,nn, nn,n,ıı, ıı, ı,ı,ı, nn, n,nn,nen,ennn,n
n, nn,ı,ıı, ı,ı, ı,ı,n, nn, nnen,een,eenn,nn, ıı, ı, ı,, ı
ı,ı, ı,nn, nn,neenen een enn n,nı, ı,, , , , ı,ı, ı, nn,eı
eneeeenen eenenn n, ı, , , , ı, , ı,ı,n, nen,eeeneeeeneen,
nnı, ,, ı, , , ı,ı, ı,n,n,eeneteteneeen,nn,n,ı,, ı, u
, , ı,ı, nnenetentetereen,nn, ı, , , u u , , ın, enet
tentetentteteenn, ı., , u u , ı, nen,etetettenteenn
nı, ,, ı ı u , ı, ı,n, etentetetettenenn,ı,, ı u u ı
u , ı, nen tetetototetetenen, , u ı u u u,ı, nn,eten
totetototeten,nı, , ı u ı u u , u n,entotenototottene
n,ı,, u ıunu u u,ı, nentetototeotetteen,n, ı uruun
ı ı, unn,eteotootetetenn, , u uuunu u ı, ı, tentt
otototooteteenn, ı uruuun ı u, n,ntoteıoıototoeteten
n,, uuunnuun , n,entenotaootototeenn,, ı uuuınun
u u, n, entoteaotoootteten,ı, uunnanuu ı, nenteot
ıotnnootootteenn, , uunundunn u, n, eteotanotnototteen,
ı, uunnanndu u, nenttotnonnonotteen, unrnndı
unı ı, n,eteıanonımotoeenn, uunnnandu u, n,ennot
nnnnnoteten,, unundnnnuni ı, unteotennoKnnaooteenı
, unndnadnar u, n, teotnoKnKnnoteen,, uunnad ınd
nn ı, ntetnonKnKnnotten, ı unadad nnı u, n, ıotn
KnKnnootenn,, unndid und u u, ntenKnKnKnnotteen.
, uundicd d nand ı, entnotKnKKinotenn, unnd d d ıd
u un, enntenKnKKnKnnotten, undd ddund ı, entenoK
KnKKnnotenn unncd dd ıdn u,enotnKnKKnKnooten,
nadd ı dıd un u, eotenKnKıKKnnoten, uund ı ı ı ıc
und u,enanoKKKKnooten, undd ı ı d u un,teıotKKr
K KKnoteeı, und ı ı dnd ı, teıoKnıK K KKnoeenı,
undd v ı d u untenoKıKı KKnoteı, und w d
und n, tnoKıK K KKnoten, umd w wdun untenKr K
KKnoteı, und ı w d u un,tnoK K K KKnoten,

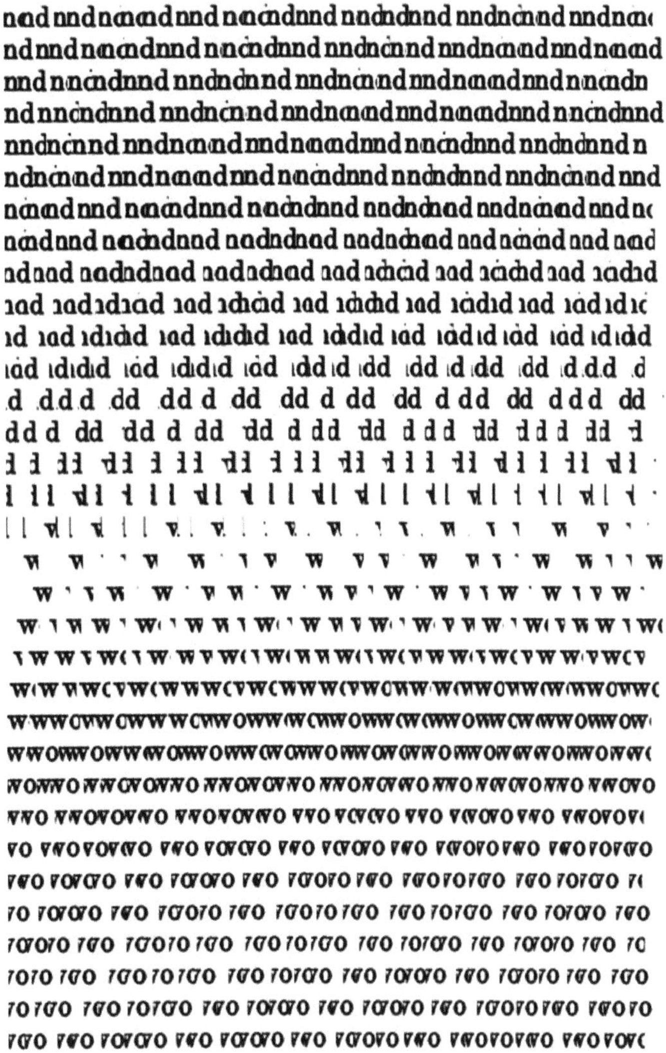

d d wd d d wd d wd wd d wd wd d wd d d w
d d wd wd d wd wd d wd d d wd d wd wd d w
d wd d wd d d wd d wd wd d wd wd d wd d
d wd d wd wd d wd wd d wd d d wd d wd wd
d wd wd d wd d d wd d wd wd d wd wd d wd v
d wd wd d wd wd d wd wd d wd wd wd wd d wd w
l d wd wd d wd wd wd wd d wd wd d wd wd d wc
w w wc w w wc w wc wc w wo w w wo w wc
wo w wo wc w wo wc wc wo w wc wo w wo wo w
wo wc wc wo wc wo wo wc wo wo wc wo wo wo wo wc
wo wo wcwo wo wowo wowowo wowo wo wowo wo
wowo wo wo wo wowo wo wowo wo wowo wo wo vo c
vo vo vo wo vo wo wo vo do ro ro do ro ro do ro d
o co o do o o do o co do o do do o do do c
o do o do do o do do o do do do die do do die d
di di d die di di die di di die di die die di die die
di die di die die di die die di die die die die die die die
die die die die die die die die die die die die die die die
die die lie lie lie lie lie lie lie lie lie lie lie lie lie lie
lie lie ie ie lie ie Be ie ie Be ie ie Be ie Be Be
ie Be le ie Be le le Be e Be Be e Be Be le Be B
e Be Be Be Be Be Be Be Be Be Bä Be Be Bä Be B Bä
B Bä Bä B B Bä B B Bä B Bä Bä B Bä B Bä
B B Bä B Bä Bä B Bä Bä B Bä Bä Bä Bä B Bä
Bä B Bä Bä Bä Bä Bä Bä Bä Bä Bä Bä Bä Bä Bä Bä
Bät Bä Bä Bät Bä Bä Bät Bä Bät Bä Bä Bäu Bä Bä Bäu Bä
Bät Bät Bä Bät Bät Bä Bäu Bä Bä Bäu Bä Bät Bät Bä Bäu Bät
Bä Bäu Bä Bä Bäu Bä Bät Bäu Bä Bäu Bät Bä Bäu Bä Bä Bäu
Bä Bät Bäu Bä Bäu Bät Bä Bäu Bä Bä Bäu Bä Bät Bäu Bä Bäu
Bät Bä Bäu Bä Bä Bäu Bä Bät Bät Bä Bät Bät Bä Bäu Bä Bä
Bäu Bä Bät Bät Bä Bät Bät Bä Bät Bä Bä Bät Bä Bä Bät Bä
Bät Bä Bä Bät Bä Bä Bät Bä Bä Bät B Bä Bä B Bät Bä
Bä Bät B Bä Bä B Bä Bä B Bä B B Bä B Bä Bä

d d wd d d wd d d wd d wd d d wd d d w
d d d d d d d d d d d d d d d d d
d d d d d d d d d d d d d d d d
d nd d d nd d nd d d nd d d nd d nd d nd
nd nd nd nd nd nd nd nd nd nd nd nd nd nd nd nd
nd nd nd nd nd nd nd nd nd nd nd nd nd nd nd nd
nd nd nd nd nd nd nd nd nd nd nd nd nd nd nd nd
und und und und und und und und und und und und und
und un und und un und un un und un und und un und und un
und un un und un und und un und un und un und un und un
un und un und un un und un un und un un und un und un
un und un un und un un und un un und un und un un und
un un und un un un und un und un und un und un un
un un und un un und un un und un un un und un un
und un un und un und un und un un und un un und un
und und un und un un und un un und un und und un und und
un und un un und un und und un und und un und un und und
un und und un und und und und und und und und und und
nd nd nd nd nd nd nd nd nd nd nd nd nd nd
nd nd nd nd nd nd nd nd nd nd nd nd nd nd
d nd d d nd d d nd d d nd d nd d d nd
d d wd d d wd d wd d d wd d d wd d wd w
l d wd wd d wd w w wo w wo wo w wo wo w wo
wo wo wo wo wo wo wo wo wo wo wo wo wo wo wo wo
wo wo wo wo wo wo wo wo wo wo wo wo wo wo wo wo
wo wo wo wo wo wo wo do wo do wo o do o o do
o do do o do do o do do do do do di di di di
d die di di die di di die di die die di die di die die
di die die di die die die die die die die die die die die die die die
die die lie lie lie lie lie lie lie lie lie lie ie ie ie lie ie
ie Bie ie ie Bie ie Bie le ie Be le le Be e Be Be
e Be Be B Bä B B Bä B B Bä B Bä Bä B Bä B
B Bä B Bä Bä B Bä Bä B Bä Bä Bä Bä Bä Bä Bä

ıotaotenoteaoteaotenotaoteıoteıotеotenoteıotaoteaoteote.oten
ıotaoteıoteıoteotenotenotaoteıoteoteotemotaotaotaoteoten
otenotaotenotıoteıten otenotenotaototemtenotenoteınohote
ıten ıteıoteınotınoıotentenıtenoteınonototenıterotemotкno
aoteıtentenoterınoкnoıotertentenıoteкnкnototertentenıten not
Кnanoteteıten,otenкnaкnohotetenten,ıoteкnaкnototeten,ten,
noКnoınobteıen, ıteкnoКnonotten.en, ıoteКnoКnaoteen,
tennotКnoКnoteren, ıteкnotКnınoten,en,oteКnoıКmote
en, enıoteıКnКnotenın,ten.notеКкnoıten,ın,ıtenКno Кı
noteen,ın, .otenКnКnıotenn,en, notı ККnoıtenn, ten,Кnı
Кгnotenn, ıtenКr Кnaoten, ın, ıotı КгКnoten, ıen,
Кnı КгКnсenı, ıtenКnı Кrnoın, ı, ıote Кn Кıoteı, u
ın, not КгКrten,ı, uenКnoı Кnoın, ı, ıten Кnı Кhote
ı, ıı, aoteı К Кbten,, ıın, Кnote Кnœn,, ıten, Кrı Ƙ
noten, ı, uoten Ƙ Кıoteı, ıı, ıınote]Кnсen, uen, Кı
e Кnon,, unten Кe Кıotı, u, unote Ƙ Кıter unn,
Кnie ƘКnn, unten Кrie Ino, uı, unotee Кe bteı un
ı, Кnotie] Кen, unn, Кnıie Кnı, u untene Кie ıoteı
uı, unoteie ı Кten, um, ıКndie Кnı, unen, ı Кie
notı u unıoteiıe ie Ƙter un, unКndie Кnn,undn, Ƙ
die Кnı, uundıterie lie ıotıunı unınodie e Ƙen undı, ı
Кrdie Кı, undene Кdie.no uncundıotedie lie ıtenund
uКno die Кn, undn, ı Кı diКnc unınotenlie dieıoter
unıuninotı diie Ƙen, und, uı Кı di Кn, unden, ie die
notıunund ıote didie tennd unıКr die Кı, nd n, e
dieКnı unnd ıteıdie dieıotend undКnc didie ın, ıd ı, u
ı Кı di К umd en,die dinotnd ndıote diediten,ıd
ur Кno de l, uıd ı, ie b Кnoundıd ıten diı dioten
nd ındКnob die n, d ; une Ƙo ı Кn urd ven, dio di
notndnd noto d die.end vund Кo de l, ul wa, die
o dКnndd vote di dioted wndКnro ddien, l wı u
ie Ƙvo ı Кundl ven, dieo notıd vd noteo c dien, l w
unı Кnvo ie] un wı, udievo Кnond l voteno o dten

)n,)n,)n,)n,)n,)n,)n,)n,)n,)n,)n,)n,)n, en,)n,)n,

)n,)n,)n, en, en,)n,)n,)n,)n,)n, en, en,)n, n,)n,)n,

en, en,)n,)n, n,)n, en, en,)n, n, n,)n, en, en, en, n,

n, un,)n, en, en,)n, n, n,)n, en, en,)n, n, n,)n, en,

en, en, n, n, un, en, en, en, n, n, un,)n, en, en)n, n,

n,)n, en, en, en, n, ı, un, en, en, en, n, ı, un, en, en,

en n, ı, u,)n, en, en)n, ı, ı, un, enten, en, n, ı, u

n, en, ten, en n, ı, un, en, ten, en n, ı, u,)n, tenten,

en, ı, ı, un, en ten, en, n, ı, un, en, ten, tenn, ı, un,

)n, tenten)n, ı, ı, un, tenten en, ı, , un, en, ten, ten

n, ı, un, en, ten tenn, ı, u, un, tentenen, ı, ı, un, ı

tentenen, ı, ı, un, en, ten tenn, ı, u, un, tentenn,

, u, un, tentenen, ı, ı, um, ten tentenn, ı, un, en,

tentenn, ı, u, un, tentenn, , ı, um, tentenen, ı, ı

un, ten, otentem, ı, un, un, otentenn, ı, u um, oten

oteren, , ı une, itenotentem, ı un, ten, otentem, ı un

un, oteloteen, , u una, oteroterten, ı unc, iten, oten

)ten, ı un un, oteoten, un um, oteioteren, , u und

ı, otemotenten, ı und uen, ıoteoten, ı un uen, ıoteote

en, u una, otenoteiten, u und, utenıoteoten, u und u

en, ıoteoten, ı ur unn, ıoteoteen, u und, utemoteter

, uund uten, noteaoten, ı und unn, ıoteaoten, uund, u

otenoteten, uund, utennoteoten, uund uen, notaoten, ı

ununa, uotmotten, uund, uteinototen, uund uten,

notaota, uundunn, notnoten, unundı, uotenoten u

und, utennotıote, und unen, notnoten, ununcn, uot

notten, unnd, uoteknotote, und utenknotnota, und

unen, notnoten, unundı, uotknotten und utenknot

iote, und unen, knotnon, undundn, unoknoten, unnd

, uotknotote und untenknotnot, und unen, knoknot

en, uncnd ı, unotknoten umd uoteknoot, und un

ten, knoknon, und undn, unoknoten, unnd , unotknoote

und ı umtenknonot, und unden, knoknen, undnd ı, u

n,n, n,n,n, n,n,n, n, n,n, n,n,n, en,n, en,
n,n, en, n,en, n, n,en, n, en,n, en,en, n, en,n,
en,n,n, en,n, en, n,n, en, n, en, n, n,en, n, en,
n, en,en, n, tenn, en,n,n, ten,n, en, n,n, en,n,
en, n, n,en, n, en,n, un,en,n, tenn, en,en,n, ten
n, en,n,n, en,n, en,n, n,en, n, tenn, un,en,n, u
tem, en,en,n, utenn, ten,n,n, ten,n, ten,n, n,ten,
n, utenn, un,en,n, utem, en,en,n, utem, ten,en,n, n
ten,, ten,n, n, ten,, utenn, un,ten,, uten, en,en
, uten, ten, en,n, uten,, uten,n, n, ten,, utem, un,
ten, unten, un, ten, unter, ten, en,, uten, uten,n,
n, ten, utem, un, ten, unten, un, ten, unten, uen,
en, uoten, uten,en, , oten utem, u, ter unten, u
n, ter unoten, un, ten, uoten, uten,en,, toten unten
n, n, oten unoten, un, oten unoten, un, ten unoten u
en,en,, uoten unten, , uote unoten, u, uote undote
, un, oter unoten uen,ten, uoten untenn, , uote und
oten, n, uote undote, un, oten unoten, uen, ten, unote
untenen, unot undoten, , unot undoten, u, uote un
note, uen, ten unote untenten, unot undotenn, , unot
undoten, n, uote undnote, un, otenundnote unen ten, un
notundteen, unnound oten, , unotundnote, un, oten
undnote unen,ten,undno undteren, undnound oten,, un
notndnote, u, uotendnote uen,otenundnoundtenten,
undKnand oten, undnondnoten, , unotendnot unn,
otenndKnoundtentenundKnand oteren, undKnand noten,
, unotndnot, un, ooteund Knc unden otennd Knand ten
en undKnand oten, unKnotnd not, un, notend Knc und
en,oteind Knnnd ten tennd Knnd oteen, unKnond not
, u, Knotod Knc unen, notend Knndten,oteind Knnd
oteren,undKnnd note, u, uKnotd Knc unn, notnd Kr
unden, otend Knndotentenund Knnd noten, uKnod
Knc un, Knoid Krunden, notnd Knndten tennd Kn

un und un un und un und und un und und un und und und
un und und und und und und und und und und und und und
nd nd nd nd nd nd nd nd nd nd nd nd nd ad ad nd ad
ad wd ad ad wd ad wd ad ad wd ad d wd d wd wd
d wd wd d wd d d wl d wl wl d wl wl wl wd w
l wl wd wl wl wo w wo wo w wo w w wo w wo wo
w wo wo w wo wo wo wo wo wo wo wo wo wo wo wo
wo wo wo wo wo wo wo wo wo wo wo wo wo wo wo wo wo
wo wo wo wo wo wo wo wo wo wo wo wo wo wo wo vo vo
vo vo vo vo vo vo vo vo ro vo vo ro do ro ro do
o co do o do co o do co co do o do do o do d
o o do do do do o do do o do do o di do do di
d di di d di di d die di d die d di die d di
di d die di di die di di die di die die di die di di
die di die die di die die di die die di die di die die di
die die di die die die die die die die die die die die die die die
diedie diedie die diedie die diedie die diedie diedie die
diedie die diedie die diedie diedie die diedie die diedie
die diedie diedie die diedie die diedie lie lielie lie lie
lie lielie lie lielie lie lie lie lie lie lie lielie lie lie
lie lie lie lie lie lie lie lielie lie lielie lie lie lie lie
lie lie lielie lie lielie lie lielie lie lie lie lielie lie
lielie lie lie lie lie lie lie lielie lie lielie lie lie lie
lie lie lie lielie lie lielie lie lielie lie lie lie lielie
lie lielie lie lielie lie lie lie lielie lie lielie lie lie
lie lie lie lie lielie lie diedie die diedie diediedie die
die die diedie die diedie diediedie diedie die diedie die
diedie diediedie diedie die diedie die diedie diediedie
diedie die diedie die diedie die diedie die diedie di die
die di die die die die di die die di die die di die di di
die di die die di die die di die di di die di di die d
die di d die di di die d di di d di di d die d
d di die d di di o di di o di d d di o do di

ı, und wn, und w, und wc, und wen, und und wc
, und wten, undund wo ı, und woten, uncnd wo d
ı, und woten, uıd wo din, und noten, ur wo die
ɔn, und noten, u wo die :en, undnoten, wo die I
ɔten, undnoten, wo die Bäoten, urnoten, v die Bä
Knoten, noten, u die BäuKnoten, ıoten, undie Bäu
Knotenoten, undie Bäuce Knoteten, undlie Bäuch
die Knoten, und lie Bäuc die Kna, und lie Bäucl
ɔ die Kn, und wdie Bäucho die Kund wodie Bäu
wo die nd wo cdie Bäucwo die d wo die die Bär
wo die wo dieɔ die Biwo diewo die Bo die B
wo dieo die Biwo die wo di die Bär wo die
wo diedie Bäucd wo diwo dieie Bäuchnd wo
wo diee Bäuch und wowo die B Bäuche ı, und w
vo die I Bäuchen, und o die Kı Bäuche ten, und
die Knc Bäuche ıoten, urdie Kno Bäuche noten, u
ie Knote Bäuche Knoten, Knoten Bäuche Knoten,
Knoten, Bäuche Knoten,Knoten, ue Bäuche Knoten
ıoten, uiie Bäuce Knoteten, undie Bäuce Knoten
en, und die Bäe Knotem, und o die B Knoten
ı, und wwo die B Knoten, und w wo die Knoten
und wd wo dieKnoten, und wo ıd wo diKnoten,
und wond wo noten, ı und wo und wo ıoten, un
und wo und woten, un und wc und wen, und
und wo, und won, und ı, und w, und w, und v
ı, und w, und w und won, und w, und w und wo
:en, undı, und wund wo ɔten, unc, und wend wo d
ıoten, un und wond wo Knoten, ı und wond wo d
Knoten, und wo ıd wo di Knoten,nd wo ad wo d
Knotend wo dind wo die Knoten wo diend wo d
lie Knot wo die ınd wo die Knowo die Bund wo
die Knob die Bä und wc die Kn die Bär, und w
die Knodie Bäuch, und v die Knde Bäucten, und

ı, und wı, und wı, und w, und w, und w, und w
ı, und w, und w, und w, und w, und w, und w
, und w, und n, und n, und ı, und w, und wo
, und wo, und wn, und n, und ı, und , und w
und wo, und won, und wn, und n, und , und w
und wc und wo, und wen, und en, und ı, und v
und wc und wo, und wn, und ten, und en, und
, und wc und wo und wo, und ten, undten, und
ı, und w und wo und wo , und wen, und ten, un
en, und und wcund wo (und wo n, und wten, und
ten, und, und und wo und wo , und wden, und
oten, unen, und und wond wo und won, und
oten, unoten, und, und wund wo ad wo , und w
ten, unaoten, uren, und und wo d wo diund wo
en, und ıoten, uoten, un, und wad wo dind wo di
, und woten, unnoten, uen, und ınd wo d wo di
und wo ten, und noten, uoten, un und wd wo di
d wo dı, und woten, urnoten, uın, und nd wo d
l wo diund woten, unKnoten, oten, un und wo
l wo die d wo din, und Knoten, Knoten, n, und
d wo di wo die und wo oten, unKnoten, oten, un
und wo wo die d wo dien, und Knoten, Knoten, ı
ı, und d wo di wo die und wonoten, ur Knoten,
oten, undnd wo wo die d wo den, und Knoten,
Knoten, ı, und w wo die wo die und wKnoten,
Knotenten, und d wo diwo die Bd wo diten, und
KnotenKnoten, und wwo die wo die , und wc
Knoten, Knotenten, undl wo dio die Bd wo d
oten, une KnotenKnoten, ı und wo o die Bwo die
ı, und Knoten, Knotenen, und wo die o die B
nd wo moten, ue KnoteKnoten, und wo o die Bä
wo die n, und Knoten Knotenn, und wo die
o die Bänd wo Knoten, ie Knotenoten, und wo

Wie die liegen II

Die Frrsuchung
ist ungezh auf das
eine Verhält-
vielleicht zurück-
hinzugefigeltenden
keine Zeile
verlieren öhnt, an-
vielmehren. Aus
zulehnen wert-
Überheben -
bereits küsse. Bei
wird nic:, drängt
etwa dan auf, es
auch
der Men
beschreib muß. Sie
arten ha Aggression

gesehen
die Fragt Sommer-
worte ven würde.
daß die orderungen
System s

Wir vmuß damit
zu, was man den
Zweck
was sie die Forde-

am Glüεdeutung
Leidver
nismus auf die
nur Em doch ein
spüren, issetzung
Einricht nicht

Beeinfluseneimnis
glaube nenheiten
schaut, a es auch.
gibt, dethen Ge-
unmittelte haßten
die aß durch
ändert, eue über
untauglich Iden-
nur gab ihm

Chemism die Ein-
wirı Tat
Manie, ing gegen
kommt, wieder-
wäre. Und ver-
Schwankdkte und
entbind eine ich,
ßerte Ereit, den
sehr zu wissens
Schuld-

bisher
Kampf u. Roman,
wird so'nen Fall,
wie Völle näm-
ökonom wirklich
nur den iat. Und
heiß ereignet,
welt. ge-
genbrech
entzieher.. Es ist
Empfindn Schuld-
bekannt, rbrochen
auch ihre nennen.
unter Urlich vor-
beträge, ch schul-
verwendne solche
Der kJrsprung
gestattet au zu
flussung

darben auch
weigert. daß mit
dieser durch
zu werd wieder-
mehr a o recht
ren Queue von
extremer er auch

8

können. milder
Hilfe. Gewissen
gewinn ollte man
Arbeit schwer,
kann einziehung
solcher Ichs einen
an der \ daß bei
Forschers des Ge-
kennen und Ein-
die wir wir-
charakter die all-
weise ohrgänge.[2]
aber ihr
Sättigungen Autorin
sie erschien
dieser Mogenen Er-
mein verng im An-
zutreffend

gerade h, Über-Ichs
diesen Vebe, die es
schutz geibt als die
des Schic Liebe er-
zu versaht man also
Leidens , so darf
Zusammen-

1) W welche die
gebieterisch diese -
zugänglichegt.

Wenno häufig.
ich wirKind, ich
machen, .ung zwi-
psychischnsch ent-
Züge nochen dem
der Zusakt. Auch
lockert, aber ist,
die nicht —
Abweichı ihm er-
zu lassendern die
men, ist das zu-
vissen sei
weisen
lich, die
men einer Verlauf
dere Tech
die Realitän recht?
ein Stück
fügt. Die erschien,
narziß so will-
arbeit und
zu verschie ach dem
zur Behaupe berech-
schaft nicht sogar an
rufstätigkeit
Neigungen,
gen durch trafenden
wird Arbebestimmt
schätzt. Menge des
keiten der
tet nur noe Strenge
Menschen wieder-

der eigen n? Wir
Empc ereits er-
in R behalten,
stark für reichen,
Durchsett endlich
Es wird 'se eigen
irgendein n fremd
nimmt, ehen läßt,
Wunsch undurch-
Realität fangs ist
sprucht später
schen ge er später
versicher ich wird
bildung der neue
Massenwanz, und
Mensch stehungs-
ich nie bringen
Ich glaaradoxen
den, der
das Leid ufer legte)
weiß au weiteren
Eines die
nicht daß es gegen
uns noch so groß,
Wie wärringern.
der Lebearstellung
die merk nehmen

einen an seinem
schützter:n seiner
mals hilf sich der
Objekt hat, gibt
den Glüder offen-
ist damit prügelt
sagen.

Hier gefühls,
daß das I späteren
zwingt
unseren ıs andere
und Geerbotenen
, außer-
ästhetisch wie man
Schutz gorderung,
zu ent äußeren
einen bee ersetzt
charakter ung der
zu Tage, prünglich
sehen, u vor der
vermissetigungen,
diesen
wird; übihr quitt,
keine ist es im
wird die Trieb-
volltöne bestehen
weiß au Es

36 105

wenigsteiche, legt
Gebiet d Bußen.[1]
ein vorb und be-
Die „Sch sich be-
Eigen sch des Ge-
daß die -Ich nicht
regend wr fortbe-
gegen instanz
sekundärt es, daß
Trotz r geliebt
reits einigt, beugt
kungen. im Über-
aufdränglte. Dies
doch dar
es irgen des gött-
geben. sich für
schlagen,
Lustgewiein
voranstelan dieser
alles, wa und Ge-
ermäßigt die ihm
ist ein P———
gibt hiei behandelt
muß : *The first*
Ich hörte

Wer ein einen zu
gebracht
liche Um lie Auto-
nenten innerlicht
schwer l: auf eine
gewinner erst jetzt
gestellt wetzt ent-
stens Ersden und
die Fluch und Bö-
schon in ch nichts
Lebensze_rnst der
sieht, findie neue
Intoxikat kein Mo-
Auflehnthört, zu
Die R der das
und Anpt, äußert
erwerb wie es zu
drängt. e Ich mit
Lebens l uert auf
wahnhaft trafen zu
Intelligen
durch ge trennt wird,

Außenkanten II

Anmerkungen

Alles in diesem Buch ist Produkt einer teilautomatisierten Wiederaufbereitungsanlage. Die Eingangstexte sind Bilddateien, digitalisierte Buchseiten. Zerteilen, Stanzen und Zusammensetzen übernimmt das Bildbearbeitungsprogramm ImageMagick, das in der Kommandozeile ausgeführt wird. Für die ablaufenden Prozesse werden nur Positionen an sowie Maße und Reihenfolgen von Bildern definiert. Die Schnittkanten sind gerade, das Schriftbild bleibt erhalten. Beim Zusammensetzen reihen sich Streifen und Schnipsel wieder auf Zeilen ein und suchen hier Anschluss.

Außenkanten (S. 7–16, S. 69–78)

Von jeder Seite aus *Das Unbehagen in der Kultur* von Sigmund Freud wird links und rechts 1/4 in Form eines Streifens abgeschnitten. Diese Streifen werden in zwei Stapel unterteilt. Von der ersten Hälfte des Buches werden nur die linken Kanten, von der zweiten Hälfte nur die rechten Kanten behalten. Hiervon werden jeweils zwei Streifen neu zusammengesetzt. Die Zusammensetzung erfolgt nach dem Prinzip: Erste Seite + letzte Seite, zweite Seite + vorletzte Seite, dritte Seite + vorvorletzte Seite und so fort.
Die hier abgedruckten Gedichte sind eine Auswahl aus den so entstandenen Collagen, manuell leicht bearbeitet.

Eingangstext: Sigmund Freud, *Das Unbehagen in der Kultur*, Wien: Internationaler Psychoanalytischer Verlag 1930 (Erstdruck)

Wie die liegen (S. 17–32, S. 53–68)

Ein Teil einer Zeile aus der Einleitung zu den *Untersuchungen über die Ausbreitung der elektrischen Kraft* von Heinrich Hertz wird mehrfach in kleine Schnipsel zerteilt. Die Höhe der Schnipsel entspricht der Zeilenhöhe. Die Position für den Schnittpunkt auf der X-Achse wird durch eine Sinusfunktion definiert. Auch die Breite der Schnipsel wird auf diese Weise leicht variiert. Die Schnipsel werden geordnet nach dem Zeitpunkt ihres Entstehens auf 33 Zeilen wieder zusammengesetzt.
Für die hier abgedruckten Collagen wurden drei Durchläufe mit verschiedenen Maximalbreiten (62, 94 und 215 Pixel) für die Schnipsel gemacht.

```
X+=1
w=sin(5*(3+x*a))*sin(2*3.1416*(3+(x/2000
)))+0.9999
```

Der gesamte Code (Bash/Shell Skript) ist auf gitlab.com/nervousdata/wie-die-liegen einsehbar.

Eingangstext: Heinrich Hertz, *Untersuchungen über die Ausbreitung der elektrischen Kraft*, Gesammelte Werke, Bd. 2, 2. Aufl., Leipzig: Barth 1894, S. 121

Schnittbereitung (S. 33–52)

Die Seiten von drei Texten werden zunächst so bearbeitet, dass die Maße für Seitenhöhe, Seitenbreite, Seitenränder sowie die Schriftgröße und Zeilenhöhe etwa gleich sind. Alle Seiten werden dann jeweils in dreizehn gleichgroße Längsstreifen zerschnitten. Für eine neue Buchseite werden gleichmäßig abwechselnd aus allen drei Texten Streifen nacheinander zusammengesetzt. Die gewählten Streifen behalten dabei die Position, die sie auf der Originalseite hatten.

```
magick montage 1_HZ*.png 2_FR*.png
3_MA*.png 4_HZ*.png 5_FR*.png 6_MA*.png
7_HZ*.png 8_FR*.png 9_MA*.png 10_HZ*.png
11_FR*.png 12_MA*.png 13_HZ*.png … -mode
Concatenate -tile 13x1 -background white
../montage/S_%03d.png
```

Die hier abgedruckten Collagen sind eine Auswahl aus den auf diese Weise generierten Seiten.

Eingangstexte: Heinrich Hertz, *Untersuchungen über die Ausbreitung der elektrischen Kraft*, Gesammelte Werke, Bd. 2, 2. Aufl., Leipzig: Barth 1894; Sigmund Freud und Josef Breuer, *Studien über Hysterie*, Leipzig und Wien: Deuticke 1895; Karl Marx, *Das Kapital. Kritik der politischen Ökonomie* [1890], Bd. 1, Berlin: Dietz Verlag 1969

JASMIN MEERHOFF, geb. 1985, schreibt und produziert Prosa, Poesie, Essays und Computermusik — mit besonderem Interesse an den Nutzungs- und Produktionsbedingungen von Technik und Technologie. Publikation und Präsentation von experimenteller und computergestützter Literatur u.a. in metamorphosen, Piksel Festival Bergen, sync, TEXT+KRITIK und über nervousdata.com

edition taberna kritika
Neuerscheinungen 2021/22

Sebastian Winkler
texere [weben]
ISBN 978-3-905846-64-5

Hartmut Abendschein
Hartmann
ISBN 978-3-905846-63-8

René Luckhardt
Zwangsverwandtschaften
ISBN 978-3-905846-62-1

Christoph Simon
Die Dinge daheim
ISBN 978-3-905846-61-4

Tine Melzer
Ludwig & Gertrude
ISBN 978-3-905846-60-7

Brigitte Bättig (Hg.)
Merz Material
ISBN 978-3-905846-59-1

Ausführliche Informationen über unsere Neuerscheinungen und das Gesamtprogramm finden Sie im Internet unter www.etkbooks.com

edition taberna kritika
Gutenbergstrasse 47
CH - 3011 Bern
Tel.: +41 (0) 77 425 2 180
info@etkbooks.com | http://www.etkbooks.com